DX 시대에 있어 TPM의 새로운 방향을 제시

AI 시대와
스마트
TPM

DX 시대에 있어 TPM의 새로운 방향을 제시

AI 시대와 스마트 TPM

초판 발행 2025년 09월 30일
지은이 이영상
발행인 백인하   **발행처** ILWe   **출판등록** 제 2024-000093호
주소   서울특별시 마포구 신촌로2길 19
　　　　마포출판문화진흥센터 플랫폼P 2층 ILWe(일위)
전화   02-701-1355   **팩스**   02-701-1354

스태프   백인하   백명하   서혜문   왕희찬   민서화
서포터   전유영   김세연   최재혁   박진향   한동우

ISBN   979-11-994724-0-2 (03320)

ⓒ 2025, 이영상
이 책에 실린 모든 내용, 디자인, 이미지, 편집 구성의 저작권은
지은이와 ILWe에 있습니다.
저작권법에 의해 한국 내에서 보호를 받는 저작물이므로 무단
전재와 복제를 금합니다.

* 브랜드 '뉴욕비즈'는 ILWe 출판사의 상표권 등록에 의해 보호 받습니다.
* 책값은 뒤표지에 표기되어 있습니다.
* ILWe는 작가님들의 참신한 원고를 기다리고 있습니다.
* 이 도서는 친환경 식물성 콩기름 잉크로 인쇄하였습니다.

DX 시대에 있어 TPM의 새로운 방향을 제시

AI 시대와 스마트 TPM

뉴욕비즈

추천사

　제조 현장은 디지털 전환(DX)과 스마트 팩토리 기술의 확산으로 인해 급격한 변화를 겪고 있다. 지능화된 설비와 시스템의 증가로 제조 환경이 복잡해지면서, 이러한 변화에 적절히 대응할 수 있는 TPM의 역할은 그 어느 때보다 중요해졌다. 스마트 팩토리로의 전환이 가속화되고 있지만, 현장 근무자가 안전하게 업무에 몰입할 수 있는 작업환경을 조성하고, 생산설비가 안정적으로 가동되도록 최적화하는 일은 여전히 필수적이다. 이는 제 경영철학이자, TPM의 본질과도 맞닿아 있다.

　스마트 TPM은 디지털 전환의 시대에 제조 현장의 안전·생산성·품질·원가·납기 및 환경 등의 경영 성과를 극대화할 수 있는 체계적인 접근법이다. 특히 TPM 활동과 첨단 디지털 기술을 결합해 현장의 운영 효율과 안정성을 획기적으로 개선할 수 있다.

　이 책은 단지 스마트 TPM의 이론적 접근에 머무르지 않고, 현장 리더들에게 "지금 여러분의 TPM은 진정 스마트한가?"라는 본질적인 질문을 던지며 TPM의 미래 방향성을 고민하게 한다. 디지털 시대에서도 TPM의 근본 원칙을 유지하면서 진화시킬 수 있도록 구체적이고 현실적인 실행 방안을 제시한다.

저자는 오랜 기간 생산 현장의 TPM 보급과 실무 지도, 강의 등을 통해 축적한 풍부한 경험을 토대로 스마트 시대에 적합한 TPM 전략을 체계적으로 제시한다. 특히 저자의 현장 중심적이고 체험적인 사례는 제조업의 실무자뿐 아니라 기업의 경영관리자들에게도 유용하고 실질적인 지침서가 될 것으로 기대된다.

2025년 9월

풍산그룹 부회장 박우동

머리말

국내 기업에서 TPM을 경영혁신 활동의 수단으로 활용한 지 어느덧 30년 이상 지나간 즈음에 새로운 시대의 관점에서 스마트 TPM으로의 변화를 모색해 보고자 한다. 지금까지 혁신 활동을 통한 성공 사례도 적지 않고 이로 인한 기업 성장의 토대가 이루어진 것은 사실이나 안타까운 것은 혁신의 성과가 계속 유지되지 못하고 있으며 현장에서의 근본적인 변화가 아닌 일시적이고 외형적인 성과에 만족하고 있었던 것은 아닌지 되돌아볼 필요가 있지 않을까 한다. 스마트시대가 도래하면서 개인은 물론 기업도 빠른 속도로 디지털로의 전환이 이루어지고 있으며 최근에는 인공지능의 시대로 대체되어 가고 있다. 이 책은 이러한 급변의 시대에 생존하기 위한 수단인 TPM 의 기능을 재정립해 보고자 한다.

제1장에서는 스마트시대를 이해하고 제조 현장 최적화를 위한 스마트 TPM의 역할을 제시하였으며 TPM의 본질과 AI와 디지털 전환

에 따른 적용 방법 등을 언급하였다. TPM의 목적은 사람의 체질 개선과 설비의 체질 개선을 통한 기업의 체질을 개선하는 것이다. 제조기업 현장이 스마트팩토리 구축에 따라 운영 방식이 변경되었다고 하더라도 현장과 설비·공정의 안정화는 필요한데 이런 측면에서 TPM의 본질에 충실한 활동을 전개하는 사항을 정리하였다.

제2장에서는 메인티넌스를 사후보전에서부터 스마트팩토리에서 요구하는 예측보전까지의 내용을 파악하고 보전에 관련된 사항을 설비자산관리 측면에서 언급하였다. 설비는 기업의 소중한 자산으로 어떻게 활용하고 관리하느냐에 따라 수익성 창출에 큰 도움이 될 수 있다. 고장이 발생한 후에만 설비관리에 관심을 가지는 것이 아니라 예방 차원에서의 선행적 관리가 중요하다는 것을 인식하는 계기가 되었으면 한다.

제3장은 스마트시대에서 TPM의 핵심 기능인 자주보전 활동을 새롭게 이해하고 기존의 스텝 방식을 벗어나 자주보전 본연의 목적에 충실하도록 하는 방법을 공유하도록 하였는데 자주보전 스텝의 사이클화 하는 방법을 제시하였다. 기존의 스텝이 문제가 있다는 것이 아니라 스마트시대에서 설비와 현장 데이터에 강한 오퍼레이터를 양성하기 위한 자주보전의 기능에 대해 정리하였다. 자주보전은 일상 보전의 역할을 충실히 하여야 하며 설비상태 기준서도 기본 업무로서 수행하여야 하는데 이를 위해서는 업무로 수행하는 방안을 추진하여야 한다.

제4장에서는 TPM의 성과를 창출할 수 있는 개선 활동에 대한 사항으로 TPM의 대표적 핵심 성과지표인 설비 종합효율의 구조 및 설비의 6대 로스, 공정의 효율을 저해하는 7대 낭비에 대해 알아보고 로스와 원가의 관계에 대해서도 언급하였다. TPM에서의 개선은 현장에서의 지혜가 필요한데 일본의 가라쿠리 개선 사례와 만성 로스를 해결하기 위한 개선기법인 왜왜분석과 PM분석 기법의 내용을 정리하였다.

제5장은 벤치마킹 사항을 산업별로 제시하였는데 크게는 장치형 산업과 가공형 산업으로 구분하고 장치형 산업에서는 화학 산업, 식품 산업 분야 등의 추진 사례를 가공형 산업에서는 기계가공 산업, 전기·전자 산업 분야 등의 사례를 언급하였다. 추진 사례에서 기업명을 영문이니셜로 표기한 것은 출판 관련 상의 문제 때문이라는 것을 양해했으면 한다.

제6장에서는 TPM의 성과를 어떻게 정리하고 산출할 것인가에 대한 방법에 대해 제시하였으며 정량적 성과도 필요하지만 정성적 성과 창출도 중요하다는 것을 언급하였다.

본 AI 시대와 스마트 TPM 저서가 시대의 변화에 적응하는 인재의 양성과 기업의 경쟁력을 강화하는 수단으로의 역할에 조금이나마 도움이 되었으면 하는 바람이며 이 책을 발간하기까지 많은 도움을 주신 풍산그룹 박우동 부회장님과 함효준 교수님, 한국표준협회, 일위 출판사 관계자에게 감사드린다.

마지막으로 항상 옆에서 힘이 되어준 어머니와 아내, 자녀 내외들 모두에게 고마운 마음을 전하며 모든 것이 합력하여 선을 이룬다(롬 8:28)는 말씀처럼 앞으로도 기도하는 마음으로 최선을 다하고자 한다.

2025년 9월 이영상

차례

추천사 ··· 5
머리말 ··· 7

제 1 장 스마트 시대와 TPM 혁신 ························· 15

1. 스마트 시대의 이해 ·· 17
(1) 스마트 팩토리의 등장 배경과 역사 ······················ 17
(2) 스마트 시스템의 구조 ··· 18
(3) 제조기업 현장에서의 스마트 적용 ······················· 20
(4) 기존 혁신 활동에서의 활용 현황 ························· 22

2. 스마트 TPM ·· 25
(1) 제조 현장 최적화를 위한 스마트 TPM ················ 25
(2) 제조공정 모니터링 ·· 28
(3) 설비자산 관리 ··· 29
(4) 자동화 시스템 ··· 32

3. 스마트 시대에서의 TPM 역할 ··························· 33
(1) TPM의 본질 ·· 33
  1) TPM의 기능 ·· 33
  2) TPM의 구조 ·· 36
(2) 디지털 전환 기능 적용 TPM ······························· 40
  1) TPM의 변화 ·· 40
  2) 기본을 더욱 중시해야 한다. ···························· 45
(3) TPM의 역할 ·· 49
  1) 선행보전의 기능 ·· 49
  2) 현장의 변화 ·· 49

제 2 장 스마트 메인티넌스 · 53

1. 메인티넌스의 진화 · 55
　　(1) 사후보전 · 55
　　(2) 예방보전 · 56
　　(3) 예지보전 · 58
　　(4) 예측 보전 · 61

2. 설비자산의 활용 · 63
　　(1) 보전계획과 실행 · 63
　　　　1) 보전계획 · 63
　　　　2) 보전 실행 · 66
　　(2) 보전 인프라 · 69
　　　　1) 보전자재관리 · 69
　　　　2) 보전 정보 관리 · 72
　　　　3) 보전기술관리 · 74
　　(3) 신뢰성 중심보전 · 77

3. 보전비용 관리 · 80
　　(1) 보전비용 · 80
　　　　1) 보전비용의 분류 · 80
　　　　2) 비용관리의 개선 모형 · 81
　　(2) 보전비용의 가치곡선 · 83

4. 보전전략 · 84
　　(1) 보전전략 · 84
　　(2) 보전경영 · 86

제 3 장　자주보전에 의한 스마트 TPM ··················· 91

1. 자주보전의 역할 ··· 93

(1) 자주보전에 대한 새로운 이해 ························· 93
　　1) 스텝 활동 ··· 93
　　2) 자주보전의 역할 ··· 99
(2) 자주보전의 기능 ··· 103

2. 자주보전 ··· 105

(1) 일상보전 ··· 105
　　1) 청소의 진화 ··· 105
　　2) 설비 상태 기준서 ····································· 109
(2) 다중망 점검시스템 ··· 114

3. 자주 관리 시스템 ·· 116

(1) 점검의 역할과 책임 ··· 116
(2) 자주 관리체제 운영 ··· 119

제 4 장　스마트 TPM을 위한 현장개선 ··················· 121

1. 설비효율화를 위한 개선 ····································· 123

(1) 설비 효율화 ··· 123
　　1) 효율의 구조 ··· 123
　　2) 설비종합효율 ··· 125
(2) 로스개선 ··· 129
　　1) 로스(낭비)의 구조 ····································· 129
　　2) 원가와 로스 ··· 134

2. 현장의 지혜를 활용한 개선 ······························ 139

(1) 개선의 지혜 ··· 139
(2) 가라쿠리 개선 ··· 145

3. 설비개선 분석기법 ·· 149

(1) 왜왜분석 기법 ··· 149
(2) PM 분석 기법 ··· 153

제 5 장 스마트 TPM 벤치마킹 ················ 157

1. 장치형 산업 벤치마킹 ················ 159
(1) 화학 산업 ················ 159
(2) 식품 산업 ················ 163
(3) 철강 산업 ················ 169
(4) 반도체 산업 ················ 173
(5) 전력 산업 ················ 176

2. 가공형 산업 벤치마킹 ················ 179
(1) 기계가공 산업 ················ 179
(2) 전기·전자 산업 ················ 183
(3) 자동차 산업 ················ 185
(4) 타이어 산업 ················ 187

제 6 장 스마트 TPM을 통한 성과 창출 ············ 191

1. 경영 성과로 연계 ················ 193
(1) 성과의 형태 ················ 193
(2) 경영 성과 산출 ················ 195

2. 정량적 성과 창출 ················ 197

3. 정성적 성과 창출 ················ 199

참고문헌 ················ 201

제 1 장

스마트 시대와 TPM 혁신

 ← QR코드를 스캔하시면 동영상 강의를 볼 수 있습니다.

1. 스마트 시대의 이해

(1) 스마트 팩토리의 등장 배경과 역사

　스마트란 용어는 이제 일상생활에서 보편적으로 사용하고 있는데 우리가 필수품으로 항상 소지하고 다니는 스마트폰은 2007년 출시된 아이폰이 세계 최초로 국내에는 스티브 잡스가 아이폰을 출시한 지 2년 만인 2009년 도입되어 지금까지 계속 업그레이드된 모델이 출시되고 있다. 최근에는 인공지능이 탑재된 스마트폰이 출시되어 일상에서의 중요한 도구로 자리 잡고 있다. 스마트라는 기능은 제조현장에서는 스마트 팩토리를 구축하는데 활용되고 있는데 제4차 산업혁명과 더불어 급속도로 혁신의 아이콘으로 자리 잡아 왔다. 스마트 팩토리는 설계·개발, 제조 및 유통·물류 등 생산과정에 디지털 자동화 솔루션이 결합된 정보통신기술을 적용하여 생산성, 품질, 고객 만족도를 향상시키는 지능형 생산공장으로 사물인터넷(IoT: Internet of Things)을 기반으로 하는 제조 플랫폼을 조성하여 생산 공정 전체의 최적화를 실현하는 것이다. 스마트 팩토리는 20세기 중반 독일 최대의 엔지니어링 기업인 지멘스(Siemens)에서 시작되었다고 알려져 있는데 지멘스 암베르크 공장은 생산설비의 유연성과 효율적 생산을 모두 실현한 공장으로 가상세계와 현실 세계의 통합을 이뤄낸 대표적인 사례로 인정받고 있다. 스마트 팩토리가 등장한 배경은 글로벌 경기침체와 노동 및 원자재 비용의 상승으로 제조업 성장이 한계에 부딪쳤을 때 이를 극복하기 위해 첨단 정보통신기술을 활용하여 공정과 공정, 설비와 설비를 유기적인 연결하는 총체적인 관점에서 제조라인을 관리하고 최소 비용과 시간으로 고객 맞춤형 제품을 생산하는 최적의 환경을 조성하는 과정을 통해 현재까지 발전되어 왔다. 세계경제포럼(WEF)에서는 2018년부터 매년 제조업 분야에서 4차 산업혁명의 핵심 기술(사물인터넷, 인공지능, 클라우드 등)을 활용하여 혁신적인 성과를 만들어내는 공장인 '등대공장((Lighthouse Factory)'을 선정하여 사례를 공유하고 있다. 우리나라는 포항제철소, LG전자 창원공장, LS일렉트릭 청주공장 등이 선정되었는데 국내에서는 글로벌 제조 환경 변화에 대응하여 한국의 장점인 정보통신기술을 기반으로 제조업의 완전 자동 생산 체계를 구축하여 모든 공정이 최적화되는 생산 현장을 구축하려고 하고 있다.

(2) 스마트 시스템의 구조

제조 현장은 오랫동안 산업 자동화 측면에서 변화되고 있는데 제4차 산업 혁명 관점에서 스마트 시스템의 구축이 요구되고 있다. 스마트 시스템은 사물인터넷(IoT), 사이버 물리시스템(CPS), 빅데이터, 인공지능(AI) 등의 기술을 활용하여 물리적 시스템과 디지털 시스템을 통합하고 연동하여 더 효율적이고 지능적인 시스템을 구축하는 것을 의미한다. 사물인터넷은 사물에 센서와 프로세서를 장착하여 정보를 수집하고 제어·관리할 수 있도록 인터넷으로 연결되어 있는 시스템인데 생산 공정 설비의 상태를 센서 기능을 통해 모니터링하고 이러한 생산 공정의 상태 정보를 산업 사물인터넷(IIoT:industrial internet of things)을 통해 빅데이터 플랫폼으로 옮겨 분석하고 이러한 정보를 통합 대시보드(Dashboard)를 통해 실시간으로 모니터링이 가능하게 되므로 공장 안의 모든 요소가 유기적으로 연결되어 지능적으로 운영 가능하게 되는 공장을 스마트공장이라고 할 수 있다. 그런데 여기서 한 가지 유의하여야 할 사항은 생산 공정의 최적화가 어느 정도인가에 따라서 정보통신기술 융합의 유효성이 차이가 나게 되기 때문에 스마트 팩토리 구축의 선행 조건은 생산 공정의 최적화라는 점이다. 즉 기존의 생산 공정의 효율화 및 최적화 혁신 활동은 지속화되어야 한다. 빅데이터와 인공지능은 최근 스마트 시스템에서 가장 이슈화되고 있는 기술 분야이다. 빅데이터는 초대용량의 데이터양(volume), 다양한 형태(variety), 빠른 생성 속도(velocity)라는 뜻에서 3V라고도 불리는데 아직 적지 않은 기업의 현장에서는 정보화 시스템이 구축되지 못한 상황에서 페이퍼에 의한 작업일지 작성이나 데이터를 정리하고 있는데 이런 단편적인 현장에서의 데이터 관리는 효율적으로 활용하기에는 한계가 있다. 데이터가 유효하게 활용되기 위해서는 많은 데이터가 수집·저장되어야만 빅데이터로써의 역할을 할 수 있기 때문이다. 데이터를 많이 확보하면 그만큼 가치 있는 정보를 많이 만들 수 있지만 중소벤처기업부와 스마트제조혁신추진단의 2024년 스마트제조혁신 실태조사에 의하면 제조 공장을 보유한 중소·중견 제조기업 163,273개 사 중 지능형(스마트) 공장 도입률은 19.5%, 중소기업은 18.6%로 파악된 것처럼 엄청난 양의 데이터를 저장하고 관리하는 인프라를 제대로 구축 활용하는 것이 아직 부족한 상황이다. 스마트 시스템을 구성하고 있는 인공지능(AI:Artifical Intelligence) 기술은 빅데이터를 활용하여 예측 및 최적화 기능을 수행하고 프로세스 자동화를 가속화한다. 미국 라스베이거스에서 열린 'CES 2025'에서 엔비디아 최고경영자인 젠슨 황은 피지컬 AI(Physical AI) 산업의 시작을 알리는 기조연설을 했다. 오픈AI가 챗 GPT를 공개한 이후 가속도가 붙은 AI 기술 혁명은 모든 스마트 디지털 산업을 지배하게 될 것이다.

(3) 제조기업 현장에서의 스마트 적용

스마트 시스템은 제조기업의 현장관리를 위한 가장 효율적인 방안으로서 제시되고 있는데 최근 국내경제는 대외 여건 변화 등으로 향후 성장 흐름의 불확실성이 한층 커진 가운데 제조기업 현장에서도 변화의 흐름을 어떻게 가져가야 할지 등에 대한 고민이 커지고 있다. 스마트공장으로의 전환을 통한 경쟁력 향상도 한 방안이 될 수 있다고 여겨지나 다만 스마트공장을 추진하는 목적을 명확히 하고 기업 특성에 맞는 최적의 방안을 찾아내어 실질적인 성과로 연계될 수 있도록 하는 것이 중요하다. '어느 기업이 추진해 보니 효과가 있다더라', '추진 자금을 무상으로 지원하니 한 번 해볼까?' 하는 소극적인 동기로서는 오히려 역효과만 나타날 수가 있다는 것을 명심할 필요가 있다. 현장 등 기업 조직원 모두가 스마트공장 구축의 필요성을 공감하고 철저한 사전 준비를 통한 성공적인 실행이 되도록 최선을 다하여야 한다.

스마트 팩토리 구축은 제조 현장이 앞으로 구현해 나가야 할 시대의 흐름이라고 할 수 있다. 다만 MES(제조실행시스템) 등 ICT와 관련된 솔루션의 무분별한 적용으로는 오히려 역효과가 나타날 수가 있다. 따라서 기업의 현 상황을 명확히 파악하고 생산 공정의 최적화 구축 방안을 효율적으로 연계시키는 것이 무엇보다도 중요하다. 생산 공정의 최적화는 결코 간단한 사항은 아니며 현장관리, 설비, 공정, 품질, 물류관리 측면에서 하나하나 확인해 보아야 한다. 현장은 일상적인 유지관리가 가장 기본이다. 이것이 전제되지 않는다면 아무리 ICT(정보통신기술) 솔루션이나 스마트 관련 기술이 구축된다고 하더라도 제대로 운영되어 활용될 수가 없기 때문이다. 최근 수년간의 국내 기업에서의 스마트공장 확산 노력에도 불구하고 기대만큼의 효과를 도출하지 못한 요인도 결국 현장의 일상 관리에 대한 문

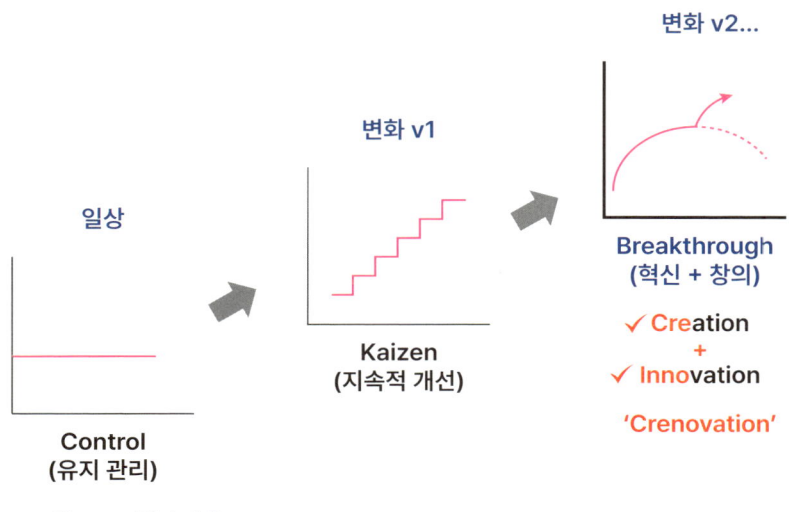

그림 1.1 변화의 단계

제를 간과해서는 안 된다는 것을 의미한다. 사상누각(沙上樓閣)이라는 사자성어가 있듯이 기초가 튼튼하지 못하면 결과가 좋지 못하게 되는 것으로 특히 현장에서는 일상적인 유지관리 체계가 확보되어야 한다. 〈그림 1.1〉은 변화도 필요하나 그 전제 조건이 일상적인 업무에서의 유지관리가 선행되어야 한다는 것을 보여주고 있다.

(4) 기존 혁신 활동에서의 활용 현황

혁신은 기업의 경쟁력을 강화하기 위한 수단이라고 할 수 있다. TPM 혁신은 제조 현장의 기본 시스템을 정착시키기 위한 유효한 수단이고 6시그마 활동은 통계적 방법을 적용하여 최적 품질 조건을 설정하기 위한 방법으로 활용되고 있다. TPS(도요타 생산방식)를 기반으로 하여 글로벌 기업 등에서 생산공정 합리화를 수립하는 린(LEAN) 생산

방식도 궁극적인 목적은 기업 자원의 효율적 활용을 통한 생존의 혁신 수단인 것이다. 제조 현장에서는 많은 데이터가 활용되고 있다. 생산 수량, 부적합품율, 가동시간 외에도 공정 온도, 압력 및 먼지 농도 등 작업조건 관련 데이터 등 제품 품질, 생산성 등에 영향을 미치는 요소 등을 놓치지 않고 파악하여 일상 작업에 적용하는 것이 중요하다. 그런데 이러한 데이터 등이 점차 수기 상으로는 감당할 수 없는 상황에 이르게 되면 데이터의 전산화를 추진하게 된다. 그래서 제조 현장에서는 오래전부터 ERP(전사적 자원관리) 등을 구축하여 관련 데이터 등을 정리하여 활용하고 있으며 생산 현장의 경우에는 MES(제조실행시스템) 솔루션을 응용하여 실시간으로 가동 상황을 파악, 분석하고 있는데 제조 현장에서의 스마트공장의 기본적 요소가 바로 MES 활용이다. TPM 혁신 활동을 진행하면서 가장 해결해야 할 요소는 직접 작업 활동 외의 부수적인 데이터 관리인데 예를 들면 일상점검을 통한 설비나 공정의 변화 파라미터 등을 가능한 빠른 시간 내에 그리고 오차가 거의 발생하지 않도록 기록 관리해야 하는데 이를 위해서는 정보통신기술(ICT)을 적극 활용하는 것이 필요하다. 일부 기업에서는 설비 점검의 방법으로 한동안 PDA 점검 시스템을 구축하여 설비 기능 상태를 PDA(Personal Digital Assistant) 단말기로 점검 데이터를 유선이나 무선 등으로 설비 전산화 시스템인 CMMS 등 운용 서버에 업로드하여 보전 방법을 결정하는 데 활용하고 있다. 기존의 페이퍼 점검 시트로는 데이터의 신뢰성과 연속성을 확보하기 어려울 뿐만 아니라

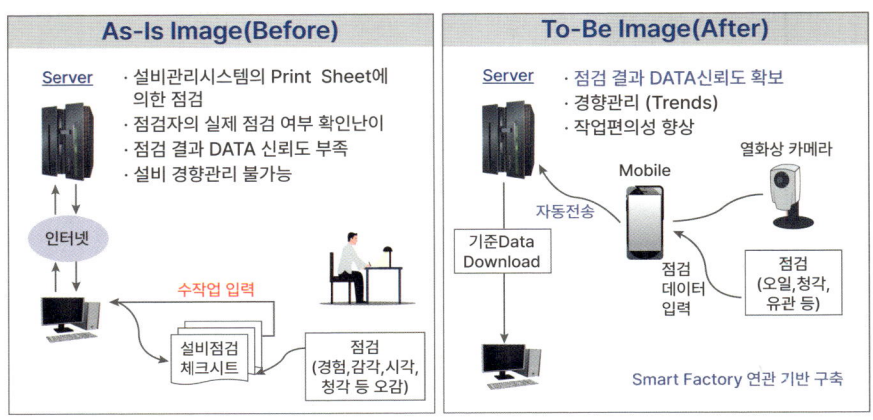

그림 1.2 설비점검 데이터의 Digital 기기 활용으로 스마트점검화 구축

보전 요원의 업무 로드도 가중되고 있어 점검 대상 설비에 바코드 인식표를 부착한 후 점검 프로그램 솔루션을 설치하여 점검 데이터의 전산화를 진행하는 것도 스마트화의 일부이다. 최근에는 기업 내에 LTE망을 구축하여 PDA 단말기를 모바일로 대체하여 현장의 실시간 점검 데이터가 공유되도록 하는 시스템을 운용하는 사례가 소개되고 있는데 〈그림 1.2〉는 현장 설비의 점검 데이터를 Digital 기기 활용으로 스마트점검화 구축하는 방안을 As-Is와 To-Be Image로 나타낸 것으로 As-Is는 설비점검 체크시트에 현장 설비 기능 상태를 오감이나 간이 진단기기 등으로 파악하여 수작업으로 데이터를 관리하는 Image이며 To-Be는 모바일 기기 화면에 설비 점검 상태를 체크하면 LTE망을 통해 서버로 데이터가 자동 전송하는 시스템으로 점검 데이터의 신뢰도를 확보하는 등의 효과가 나타나는데 이러한 시스템은 스마트 팩토리 구축과 연계하여 추진하는 것이 바람직하다.

2. 스마트 TPM

(1) 제조 현장 최적화를 위한 스마트 TPM

스마트 TPM이란 용어가 사용된 지는 수년 전부터이다. 스마트 팩토리가 4차 산업혁명과 연계되어 제조 현장을 중심으로 진행되면서 그동안 자주보전 활동을 중심으로 전개하던 TPM 혁신 활동에서도 현장 데이터의 필요성을 공감하기 시작했고 이를 위한 수단으로 정보통신기술을 활용하는 스마트 TPM에 대한 관심이 대두되기 시작했다. 스마트 TPM에 대한 명확한 개념이 보편화되지는 않았지만 스마트 팩토리가 제조 공정의 효율적인 운영을 위한 유용한 수단으로서 정착되어 감에 따라 TPM도 스마트 TPM으로의 역할을 수행할 필요가 있다. 〈표 1.1〉에 기존 TPM과 스마트 TPM의 역할을 비교하였다. 최근 스마트 시스템이 제조 공정 운용에 적용되면서 현장에는 많은 변화가 진행되고 있는데 TPM 혁신도 이에 대응하는 변화가 필요하며 이익이 나는 기업 체질의 확립, 예방철학, 전원 참여, 현장·현물 주의라는 기본 이념을 바탕으로 일시적인 변화가 아닌 생산 공정의 최적화를 정립하기 위한 수단으로서 역할이 필요하다. 생산 공정 최적화란 제조 또는 서비스 제공 과정에서 시간, 비용, 인력 등의 자원을 효율적으로 활용하여 생산성을 높이고 비용을 줄이는 프로세스를 말하는데 스마트 팩토리의 정착을 위해서는 현재 상황의 명확한 진단과 철저한 사전 준비를 통해 자사에 맞는 추진 방향

구분	기존 TPM	스마트 TPM
목적	기업의 체질 개선 (사람의 체질 개선, 설비의 체질 개선)	
관리대상	설비(INPUT측, 원인)	설비 및 정보(현장의 Raw Data, 예측)
목적 달성 방향	현장 설비의 기본조건 준수 실현 - 하드 지향 -	생산공정의 최적화 실현 - 하드 및 소프트 지향 -
이론적 기초	신뢰성 공학, 산업공학, 제어 공학	신뢰성 공학, 산업공학, 정보공학
접근 수단	설비기술 중심, 보전 기술	설비기술 기반, 스마트제조 기술
목표	재해, 부적합, 돌발고장 제로에 도전	재해, 부적합, 만성고장 제로에 도전
접근체계 (자주보전측면)	설비에 강한 오퍼레이터를 중심으로 설비신뢰성의 확보	설비와 현장 데이터에 강한 오퍼레이터를 중심으로 설비 및 공정신뢰성의 확보

표 1.1 기존 TPM과 스마트 TPM의 역할 비교

을 설정하여야 하며 특히 생산공정의 최적화는 제조 현장을 중심으로 구축되어야 한다.

스마트 TPM을 통한 제조 현장 최적화를 위해서는 현장, 설비, 공정의 최적화가 필요하다. 현장의 최적화는 현장 혁신의 관점에서 접근한다면 '잠재적 불합리가 제로인 상태로 유지되는 것'이다. 잠재적 불합리란 급경사, 회전물 노출, 유독가스, 더러움, 균열, 변형, 흔들림, 이상음, 발열, 조건 변동, 온도변화, 냄새, 오조작 등의 현상으로 현재화된 문제가 발생하지는 않지만 그대로 방치하면 트러블이나 안전사고 등을 일으키게 된다. 따라서 이러한 불합리 사항들이 성장하기 전에 철저히 제거하여야 한다. 스마트 팩토리에서 중요한 기능을 하는 센서에 대하여 최적화 관리가 되지 않는다면 사물 간 정보통신의 역할을 제대로 하지 못할 것이며, 이에 따라 큰 혼란이 발생할 수 있다.

그림 1.3 현장 효율화를 저해하는 잠재적 불합리

 따라서 현장의 최적화가 선행되어야만 스마트공장 운영의 효율을 극대화할 수 있게 되는 것이다. 〈그림 1.3〉은 현장 효율화를 저해하는 불합리의 일부 사례이다.

 스마트공장에서의 제조 현장은 설비가 중요한 역할을 담당한다. 설비의 신뢰도 확보는 전체 공정의 원활한 생산 정보를 정확하게 전달하기 위한 필수 요건이다. 설비 최적화를 확보하기 위해서는 6대 로스를 철저히 예방해야 하는데 이를 위해서는 6대 로스의 구조를 명확하게 파악하고 있어야 한다. 6대 로스는 시간·성능·품질 측면으로 구분되며 이 모든 조건을 충족시킬 수 있는 예방 관리가 필요하다. 공정의 최적화는 공정능력이 극한적으로 충분한 상태를 말하는데 공정능력이란 공정이 안정 상태일 때 특정 성과에 대해 합리적으로 달성할 수 있는 능력의 한계를 일컫는다. 공정이 안정화되기 위해서는 기본적으로 공정 효율화를 저해하는 7대 낭비가 발생하지 않도록 하는 공정 관리가 선행되어야 하며 각종 낭비를 제거하기 위한 끊임없는 개선 활동을 진행해야 한다.

(2) 제조공정 모니터링

스마트 팩토리가 제조 현장의 효율적인 방안으로 활용되는 데에는 제조공정 현장의 모든 데이터가 플랫폼을 통해 수주부터 출하까지 전 공정의 제조 데이터가 실시간 공유됨에 따라 통합생산관리시스템 운용이 용이해졌기 때문이다. 스마트 시대에서의 공정관리를 위해서는 공정 상태에 관한 데이터를 실시간으로 파악, 분석할 수 있는 최소한의 정보시스템이 운영되어야 하며 제조실행시스템인 MES 구축도 한 가지 방안이 될 수 있다.

MES(Manufacturing Execution Systems)는 현장의 실시간 Data를 이용하여 주문 제품의 투입부터 출하까지 생산활동을 최적화할 수 있는 정보제공을 통하여 부가가치가 없는 활동을 줄이고 효율적인 공장 운영 및 변화에 신속히 대응할 수 있도록 하는 생산 지원시스템으로 수주 생산방식, 계획 생산방식 등 다양한 계획 수립 업무에 대한 지원과 제조 현장의 생산, 설비, 품질, 물류에 대한 전반적인 제조 상황에 대한 실시간 모니터링 기능 등이 있다. 〈그림 1.4〉는 제조공정의 실시간 상황을 모니터링하는 개념이다.

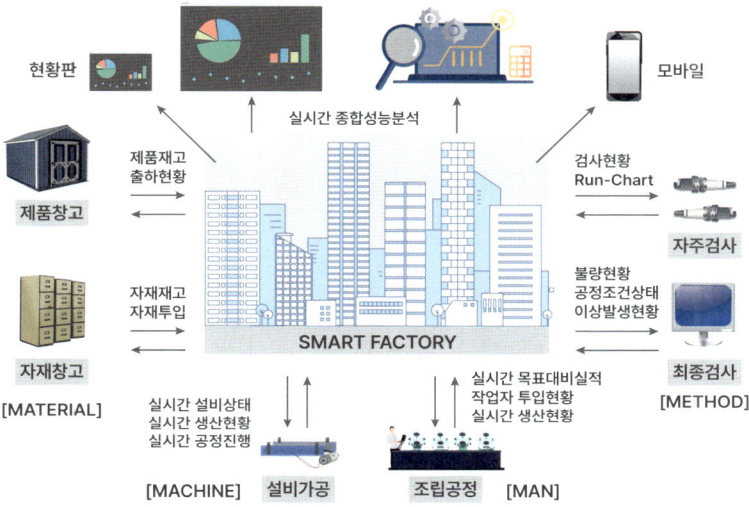

그림 1.4 제조공정의 실시간 모니터링 운용
출처: 스마트제조솔루션 적용과 사례, 정지석(2019)

(3) 설비자산 관리

자산은 조직에서 잠재적 또는 실제적 가치를 가지는 항목, 물건 또는 객체라고 할 수 있는데 가치는 다른 조직과 조직의 이해관계자 사이에 변화될 것이고 유형 또는 무형, 재무 또는 비재무적일 수도 있다. 즉 자산은 기업 또는 조직이 통제하고 있고 미래 경제적 이익이 기업에 유입될 것으로 기대되는 자원으로 원가 또는 가치를 신뢰성 있게 측정 가능해야 하는데 자산관리란 이러한 자산을 일정한 재무적 목표 아래 장기적으로 소득을 예측하고 체계적인 운용과 관리로 자산 가치를 극대화하기 위한 활동이라고 할 수 있다. 이런 시점에서 국제표준화 기구인 ISO(International Organization for Standardization)에서는 자산관리의 새로운 표준으로 자산경영시스템인 ISO 55001:2014를 채택하였다. 자산경영 시스템에 관한 국제 표준은 조직 정황 내에서 자산관리 시스템을 위한 요구를 구체적으로 명기하며 모든 형태와 규모의 조직, 그리고 모든 형태의 자산에 적용할 수 있다. ISO 55001:2014는 3가지 표준으로 구성되어 있는데 ISO 55000은 자산관리 개요와 사용되는 용어들과 정의를 제공하며 ISO 55001은 자산에 대해 통합되고 효과적인 관리시스템의 요구 기준에 대해 개요를 서술했으며 ISO 55002는 사용 가능한 시스템을 실행하는 방법으로 ISO 55001의 적용 지침이라고 할 수 있다. 자산 경영 시스템이 기업이나 조직의 경쟁력을 강화시키기 위한 수단으로서 보다 가치 있는 혁신 시스템으로 활용되기 위해서는 발생 가능한 모든 잠재적인 리스크를 사전에 근본적으로 예방하는 시스템을 구축하여야만 한다.

설비자산 관리는 EAM(Equipment Asset Management)으로도 표현되는데 설비나 장치의 생산성을 생산 현장 차원에서 자산관리라는 기업 경영 차원으로 그 활동 영역을 확대한 것으로 설비의 최적 경영 관리라고도 하며 최고 수준의 보전 활동, 최적화된 조직 구축 및 설비에 관련된 정보의 모든 요소의 통합이 필요하다는 개념으로부터 시작되는데 John Mitchell의 정의에서 의하면 생산수단으로부터 최대의 가치를 얻기 위한 하나의 통합적이고 포괄적인 전략, 과정 및 의식적 행동이라고 제시한다. 이것은 경영과 제조 설비와의 최적화 관리이며 단순한 보전 기능을 넘어서 성과, 비용 및 유용도 결정 요소와 궁극적인 목표인 수익성을 결정짓는 요소들에 대한 전략적인 접근이 필요하다. 설비자산 관리의 목표는 설비가 그 생애(life cycle)를 통해 최고의 효율성과 경제성과 즉 수익을 창출하는 설비의 역할을 담당하도록 하는 것이다. 2000년대를 전후하여 많은 기업에서 전사에서의 자원을 통합 관리하기 위한 방안으로 ERP 시스템을 구축하기 시작하여 현재에는 대부분 기업에서 운영하여 활용되고 있다. ERP(enterprise resource planning)란 기업 전체의 경영자원을 효과적이고 통합적으로 관리하여 경영의 효율화를 통해 가치를 창출하기 위한 것이다. 따라서 EAM은 ERP와의 관계성을 가지고 있게 된다. 또한 설비관리정보시스템인 CMMS(computerized maintenance management system)도 설비자산 관리와 밀접한 관련성이 있는데 최근 설비관리의 중요성이 증대되면서 CMMS는 보전 업무에 관련된 정보화뿐만이 아니라 생산, 품질, 물류 및 재무 등의 기능과 연계되는 전사적인 스마트 시스템 플랫폼 운용에서의 정보시스템 분야의 역할을 담당하고 있다.

기업은 설비라는 자산을 효율적으로 활용하여 제품의 경쟁력을 높이고 이익을 추구하려고 하고 있으며 이러한 설비의 효율적인 활용을 보전 활동 측면에서만이 아닌 경영활동으로서의 접근이 점점 보편화되어 가고 있다. 이러한 관점에서 보면 설비자산 관리에서의 TPM의 역할은 점차 증대돼야 한다. TPM의 역할도 보다 적극적인 측면에서 광의의 해석에 의한 역할을 할 필요가 있다. TPM 추진의 성과가 단순히 생산 현장의 상태를 안정화하고 설비효율의 향상이라는 측면에서 기업 자산의 증식에 기여하는 역할을 보다 강화해야 한다.

(4) 자동화 시스템

설비 기술이 점차 발전되면서 자동화 시스템의 응용으로 생산 공정도 급격한 변화를 보이고 있는데 TPM 활동도 자동화 시대에 대비한 역할의 정립이 필요한 시점이다. 자동화 공정에서 나타나고 있는 문제점 중의 하나는 신기술의 발전 속도에 비해 이를 운영하는 사람의 능력이 뒤따르지 못한다는 것인데 이를 위해서는 자동화 시스템을 해석하고 리드할 수 있는 메인티넌스 체계의 확립과 능력 있는 보전 기술자를 양성하는 것이 필요하다. 기술이 발전하면 발전할수록 이를 운영하는 사람의 역할은 더욱 중요해지는 것으로 자동화 시스템 구축 시에는 반드시 사람의 역할을 중시하는 설계가 되어야 한다. 일본의 세계적인 반도체 메이커인 NEC의 지적 생산라인의 개념은 TPM 활동에서의 자동화에 대한 역할을 잘 제시해 주는 사례라고 보이는데 자동화를 통한 무인화 공정 구축 시 사람에 편한 생산 라인을 만드는 것이 목적으로 일방적인 성인화가 아닌 사람과 설비의 조화를 이룩하자는 것으로써 이것을 '한정 무인화'라는 표현을 사용하기도 한다.

스마트 팩토리는 자동화 시스템이 기반이 되어야만 제 성능을 발휘할 수 있는데 그렇다고 스마트 팩토리를 공장자동화라고 인식해서는 안 된다. 스마트 팩토리 운영에서의 자동화는 3D 작업을 자동화 로봇이 수행하면서 비정형 작업에 지능형 로봇을 사용, 사람과 공존하는 자동화 현장으로 생산의 모든 정보가 플랫폼에서 자율 운영되는 시스템을 의미한다. 스마트 팩토리는 기존에 존재한 공장자동화의 연장선에 있으며 생산 시설을 무인화하고 관리를 자동화한다는 공통점이 있지만 스마트 팩토리는 전후 공정 간 데이터를 자유롭게 연계할 수 있어 총체적인 관점에서 최적화를 이룰 수 있으나 공장 자동화는 단위 공정 별로만 최적화가 이뤄져 있어 전체 공정이 유기적이라고 보기 어렵다.

3. 스마트 시대에서의 TPM 역할

(1) TPM의 본질

1) TPM의 기능

TPM이 현재까지 제조기업의 현장에서 지속적으로 꾸준하게 적용되어 온 것은 TPM이 추구하는 본질적인 목적이 체질 개선에 있기 때문일 것이다.

체질을 개선한다는 것은 근본적인 변화를 요구하고 있다. 근본의 변화가 없이는 도전적인 성과를 기대하기가 어렵기 때문이다. TPM(Total Production Management)이 국내 기업에서 활용된 지 20년 이상이 지났다. 십 년이면 강산도 변한다는 말이 있는데 과연 우리 기업 현장에서는 TPM이 실시된 후 어떤 변화가 일어났을까? 종업원의 의식이 확 변했을까? 설비고장 및 공정 트러블이 급격하게 감소해 생산성이 엄청나게 향상되었는지? TPM은 수단이지 그 자체가 목적은 아니다. TPM을 실행하는 것이 중요한 것이 아니라 제대로 TPM의 본질을 이해하고 글로벌 경쟁력을 강화하기 위해 자신의 기업 특성에 맞게 제대로 활용하는 것이 필요하다. TPM 활동의 목적은 사람과 설비의 체질 개선에 의한 기업의 체질 개선이다. 이제부터라도 TPM 활동을 통해 성과를 기대하기 위해서는 목적을 명확히 인식하고 단계적으로 접근할 필요가 있다. 사람의 체질 개선을 위해서는 시간이 필요하다. 체질이란 하루아침에 바뀌는 것이 아니기 때문이다. 지금까지의 생각, 행동이 변화되기 위해서는 단계적인 프로그램에 의한 실천이 수반돼야 한다. 이것이 자주보전의 7스텝과 계획보전의 스텝 활동이다. 자주보전 스텝 활동을 실시하는 기업 현장을 방문해 보면 자주보전 활동에 대한 스텝 진단을 담당하는 관리자가 스텝 활동의 본질을 이해하지 못하고 진행하는 경우를 보게 되는데 이러고서는 사람의 체질 개선을 기대하기란 매우 어렵게 된다. 따라서 관리자들이 현장 담당자보다 먼저 자주보전 스텝에 대해 본인 스스로 활동의 본질을 이해한 후 현장을 선도해 나가는 것이 바람직한 방법이다. 국내 H사의 최고 경영자는 자주보전 활동의 스텝을 자신의 업(業)의 특성에 맞게 직접 정리한 후 이를 현장에 적용

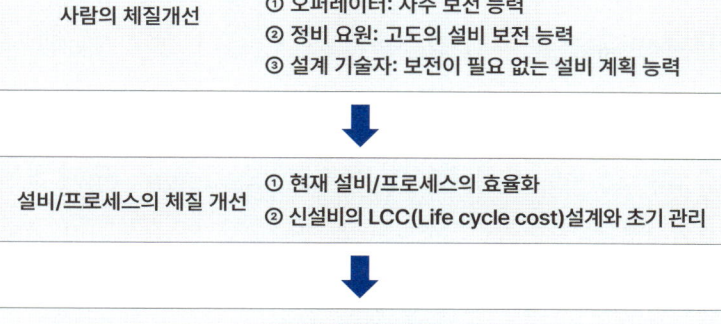

그림 1.5 TPM 혁신활동의 목적

할 수 있도록 하였다. TOP의 관심이 없는 자주보전 스텝 활동은 사람의 체질을 개선하기에 한계가 있다. 사람의 체질 개선에 의해 나타나는 성과는 대부분이 정성적 성과로 연계된다. 이에 비하여 설비 및 프로세스의 체질 개선은 변화의 속도가 보이게 된다. 이것은 가시적인 성과로 나타나기 때문에 관리자가 보다 적극적으로 참여하게 된다.

현재 사용하는 설비 및 프로세스에 대한 효율화 개선 및 신설 투자에 대한 LCC(life cycle cost)설계와 조기 안정화를 통한 체질의 변화를 추진하게 된다. 〈그림 1.5〉는 TPM 혁신 활동의 목적을 정리하여 나타낸 것이다.

TPM이 지금보다 더 발전되고 가시적인 성과를 달성하기 위해서는 TPM이 현장에서만의 제한된 활동이 되지 않도록 관리자의 보다 적극적인 관심과 참여가 필요하다. TPM을 통해 현장이 강한 모습으로 변하게 되면 기업도 강하게 되기 때문이다.

2) TPM의 구조

① TPM의 추진 조직

TPM의 큰 특색 중의 하나는 추진 조직이 중복 소집단의 형태로 구성되어 있다는 것이다. TPM의 정의에서도 '중복 소집단 조직에 의해 로스 제로화를 달성하는 것'이라고 명시되어 있듯이 TPM에서 추구하는 목표를 성공적으로 달성하기 위해서는 전원이 참여하는 조직의 구성이 선행돼야 하며 모든 조직이 상호 연계되어 움직여야 한다는 것을 의미한다.

이제까지의 일반적인 소집단 활동은 모두 제일선 종업원의 몫이었다. 이에 대해 TPM에서는 최고 경영자층, 중간 관리자층에서부터 제일선 종업원에 이르기까지 모든 계층에서 소집단 활동의 전개를 요구한다. 여기서 반드시 유의하여야 할 사항은 중복 소집단 활동이 실질적으로 활용되기 위해서는 또 다른 새로운 조직을 구성하지 말고, 기존 조직을 최대로 활용하는 것이 좋다. 예를 들면 TPM조직의 일환인 공장 TPM추진 위원회의 기능을 기존의 임원, 팀장 회의나 경영 실적 분석 회의 등에서 활용하는 것이다.

중복 소집단 활동에 의한 TPM 활동이 기대 이상의 성과를 거두기 위해서는 경영자의 적극적인 추진 의지가 필요하다. 기업의 체질 개선은 경영자의 몫이다. TPM은 '사람과 설비의 체질 개선에 의한 기업의 체질 개선'이므로 관리 책임으로 돌리지 말고, TPM 도입

준비 단계부터 강한 리더십이 필요하다. 필자의 경험을 통해 경험한 바에 의하면 TOP의 TPM추진에 대한 의지가 성공의 절대적인 조건이라고 여겨진다. 여기서 TOP은 최고경영자를 의미하지만, 공장 단위의 추진에서는 공장장이 TOP의 역할을 하게 된다. 또한 한 실무부서에서는 부서장이 소집단의 리더 역할을 하여야 하며 분임조 단위의 현장 실무 조직에서는 분임조장이 리더의 역할을 하여야 한다는 것이다.

② 8대 기능

TPM 활동의 기능을 살펴보면 TPM의 역할을 확실하게 이해할 수 있다. TPM의 기능은 생산 부문에서 중점 실시하는 자주보전을 비롯하여 8개의 기능(일본식 표현은 본주라고 하며 영어로는 Pillar로 나타내고 있음)으로 구성되어 있다. TPM 활동은 정의에서 나타난 바와 같이 조직 전 부문에 걸친 활동이기 때문에 활동의 영역이 매우 넓다. 따라서 처음부터 전사적으로 확대할 것이 아니라 생산 부문부터 시작하여 단계적으로 확산 전개하는 것이 바람직하다. 전사적인 TPM을 추진하기 위해서는 8가지의 기능별 활동이 필요하다. 〈그림 1.6〉은 8대 기능 관점에서 TPM의 기본 구성도를 나타낸 것이다.

자주보전 활동은 생산 부문을 중심으로 실시하는 활동으로 전원 참여의 소집단 활동을 기본으로 전개하는 오퍼레이터에 의한 보전 활동을 말한다. 즉 설비의 기본조건(청소, 더 조이기, 급유)을 정비하여 그것을 유지관리하고 사용조건을 준수하며 설비 총점검 교육 실시

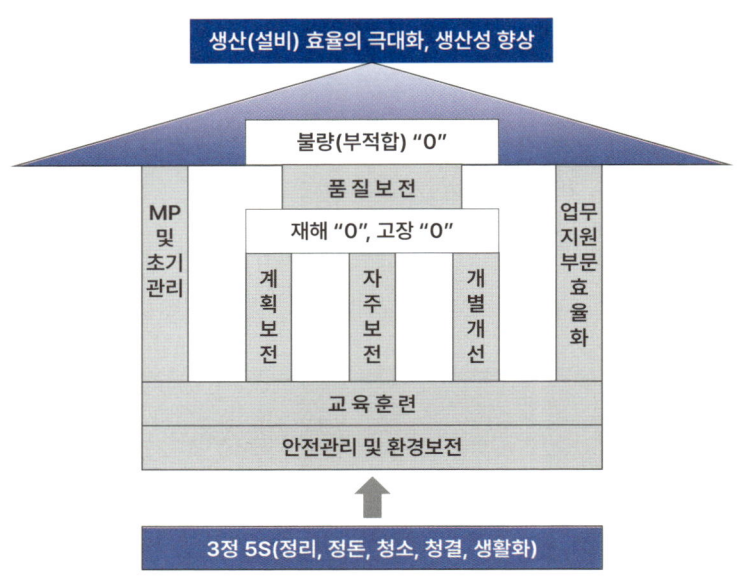

그림 1.6 TPM의 구성도(8대 기능 관점)

로 설비에 강한 오퍼레이터를 양성하여 설비의 미결함 및 열화를 지속적으로 발견·복원하는 활동이다. 다음으로 계획보전 활동은 전문적인 보전부서에서 추진하는 활동이다. 설비의 설계·설치·운전·폐기까지 설비의 전 생애를 통하여 생산성과 품질을 극대화하고 보전비용을 최소화하는 것을 목표로 전개하는 활동이다.

TPM 활동에서 자주보전, 계획보전 활동과 더불어 중점 추진하는 것이 개별 개선 활동이다. 개별 개선이란 '설비·장치·프로세스 및 플랜트 전체의 모든 것에 대해서 철저한 로스의 배제와 성능향상을 꾀함으로써 최고의 효율화를 이루기 위한 모든 개선·혁신 활동'이라고 정의할 수 있다. TPM을 추진하는 기업에서 놓치지 말아야 할 것은 TPM의 성과를 가시화하는 것이 TPM을 지속적으로 추진하는 동력을 확보한다는 것이다. 자주보전 활동만으로는 경영자나 관리자가 기대하는 정량적 성과 더 나아가서는 재무적 관점에서의 수익성을 제시하기에는 한계가 있다. 왜냐하면 자주보전 활동은 설비에 강한 오퍼레이터를 양성하는 것으로 경영 성과로 TPM의 효과를 산출하기 위해서는 개별 개선을 통한 설비 및 생산 효율화 극대화를 통한 생산성 향상을 포함하는 것이 필요하기 때문이다. 오퍼레이터가 자주보전 활동을 통해 설비 및 공정에 강한 오퍼레이터가 되면 설비의 신뢰성이 확보되고 공정이 안정화되어 제조 경쟁력이 강화된다는 것은 당연한 것이다. TPM에서 추구하는 중요한 목표 중 하나가 바로 불량(최근에는 부적합이라고 표기하기도 함)이다. 이와 직접 관련된 기능이 품질 보전 활동이다. 품질 보전이란 불량이 나지 않는 조건을 찾아 표준화하여 유지하고, 잠재된 불량 요인을 찾아 개선하여 표준을 개정하고 유지하며 개선하는 활동을 기본으로 하고 있다.

생산시스템 효율화의 극한을 추구하다 보면 생산 부문의 효율화만으로는 부족하므로 제품 개발로부터 양산·안정화까지의 기간을 단축하는 수직 안정 가동을 목적으로 설비·제품에 대한 초기 관리 활동을 실시할 필요가 있다. TPM은 전사적 생산보전 활동이기 때문에 생산 관련 부서뿐만 아니라 사무·지원 부문에서의 역할도 필요하다. TPM에서는 이러한 활동을 사무·지원 부문 효율화 활동이라고 한다.

TPM 8대 기능 활동 중 가장 기본이 되는 활동은 두 가지이다. 안전관리와 환경보전 활동 및 교육훈련 활동이 그것이다. 재해는 불안전한 상태와 불안전한 행동이 같이 나타날 때 발생하므로 TPM에서는 자주보전 등 여러 기능 활동 등과 연계시켜 근본적인 재해 요인을 제거해 나가는 것이 특징이다. 교육훈련 활동은 고유기술과 관리 기술적인 측면에서 추진되는데 각 기능 활동을 원활히 추진하기 위한 기본적인 역할을 한다고 할 수 있다.

(2) 디지털 전환 기능 적용 TPM

1) TPM의 변화

국내에 TPM 활동이 도입된 이래 나름대로 기업 발전에 많은 기여를 해온 것은 사실이나 시대가 요구하는 발전 속도가 너무 빠르기 때문에 이에 대응하는 변화가 필요하며 이익이 나는 기업체질 확립, 예방철학, 전원참가, 3현주의(현장·현물·현상) 기본 이념을 바탕으로 일시적인 변화가 아닌 근본적인 체질 개선을 통한 TPM 활동의 수준을 점차 향상해야 한다.

TPM 역할의 변화는 우선 Management로서의 체계 정립에서 시작돼야 한다. 어떤 혁신 활동이든 경영자의 강한 리더십이 선행되지 않고서는 결코 성공을 기대할 수가 없기 때문이다. 이제까지 국내 기업의 TPM 추진은 현장 중심의 활동이 대부분이었다고 볼 수 있는데 이것은 TPM에 대한 인식이 Management 측면보다는 Maintenance라는 관점에서 접근한 연유가 아닌가 한다.

TPM이 기업의 궁극적인 목표 및 경영 이익의 극대화를 위하여 실행 전략의 구체화를 도모하고 경영 목표 달성 과정과 결정에 대한 피드백이 가능하도록 하기 위해서는 PMS(Performance Management System)라는 성과관리 시스템의 활용도 필요하다. TPM의 성과를 재무제표상의 경영 성과로 나타내고자 하는 것도 TPM을 Management로 정립해 나가는 시도라고 보인다. TPM의 가장 핵심적인 기능 활동인 자주보전 활동도 오퍼레이터의 일상 보전 능력을 향상시켜 강제열화가 없는 현장을 만들어 나가는 것도 필요하지만 이를 통한 기업경영의 성과에 어떤 기여를 할 수 있는지의 관점에서 추진 방법을 설정해야 한다.

　　스마트 시대에서의 특징은 디지털 전환(DX:Digital Transformation)으로의 변화인데 인공지능, 클라우드, 빅데이터 등 디지털 기술을 활용하여 기업의 조직 문화, 비즈니스 모델 및 산업 생태계를 혁신하고 고객과 시장의 변화에 대응하여 새로운 가치를 창출하며 유연하게 대응할 수 있다. 스마트 TPM의 특징은 현장에서 데이터의 활용을 활성화함으로 양식 등 페이퍼 사용을 최대한 줄여 업무 부하를 감소시켜 실천 중심의 활동으로 전환하는 것이다. 자주보전 활동도 스마트 TPM이라는 새로운 관점에서 기업 특성에 맞게 전개하는 방법으로 진행하는 것이 필요하다. 현재까지의 자주보전 활동에서의 오퍼레이터의 역할은 기본조건의 준수와 일상점검을 업무화하는 것이라고 할 수 있으나 디지털 시대에서는 본인이 담당하는 설비를 포함한 공정의 전반적인 상태를 모니터링하는 역할로의 전환이 필요하다. S사 등 반도체 관련 업종의 기업 등 스마트 팩토리 수준이 일정 이상인 제조 현장에서는 공정 모니터링 요원으로의 역할 기능을 수행하고 있는데 화학 산업 등 장치형 산업 분야에서는 오래전부터 HMI(Human-Machine Interface) 모니터링 시스템에 의한 공정관리를 운영하고 있다. 일본 출광흥산(出光興産)의 '이데미쯔의 TPM 활동과 석유정제에 있어서 생산시스템의 혁신'이라는 주제로 2000년 초 DCS 자주보전을 자체 개발해서 적용한 사항을 발표했는데 자료에 의하면 오퍼레이터 자신의 손에 의해 CRT 화면 표시나 제어루프 등의 DCS 소프트를 개선하여 휴먼 에러가 발생하지 않는 DCS를 구축함으로써 기술력의 향상을 꾀하고 DCS에 강한 오퍼레이터를 양성하는 것을 목적으로 하는 내용이다. 현재까지의 TPM이 설비에 강한 자주보전을 중심으로 설비의 신뢰성을 확보하는 것이라면 스마트 TPM에서는 설비와 현장 데이터에 강한 오퍼레이터를 중심으로 설비 및 공정 신뢰성을 확보하는 관점에서 접근하는 것이다. 최근에는 제조기업 현장에서도 ERP(전사적자원관리)와 MES(제조실행시스템) 등을 활용하고 있는 경우가 증대하고 있어 자주보전을 추진하면서 이러한 정보 지원시스템을 적극 활용하는 방향으로 추진하면 TPM 추진의 효율성을 기대할 수 있을 것이다. 현장 및 설비, 공정에 잠재된 불합리를 찾아내어 작업의뢰한 사항을 데이터로 연계하여 분석 활용하고 일상점검에 의한 설비 기능 상태가 MES에 의해 공정 모니터

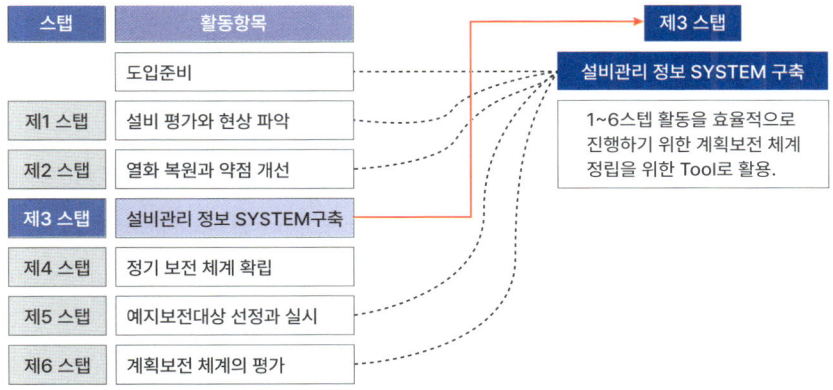

그림 1.7 계획보전 스텝에서 정보시스템의 역할

링 정보로 운용되는 것을 적극적으로 운용하는 것이 스마트 TPM에서의 자주보전 활동의 방향이라고 할 것이다. 설비의 자동화 및 고도화(인공지능 기능의 탑재 등)에 따라 최근에는 TPM에서 계획보전 역할이 더욱 증대되고 있다. TPM에서는 계획보전을 설비의 예방의학적 입장에서 실행하는 설비 이상의 조기 발견과 조기 치료를 말하며 최적 보전 주기에 따른 보전 즉 정기보전(TBM:Time Based Maintenance)이라고 정의하고 있다. 그런데 최적 보전 주기를 설정하기 위해서는 가능한 많은 보전 데이터가 필요한데 이를 위해서는 설비관리 정보 전산화 시스템인 CMMS의 구축이 필요하다. 〈그림 1.7〉은 계획보전 활동을 효율적으로 진행하기 위해서 설비관리 정보시스템을 도구로 적절하게 활용하는 사항을 보여주고 있다.

계획보전 기존 스텝에서 설비 정보 시스템 구축이 3스텝으로 되어 있는 것은 최소한 정기보전체계 확립 단계 전까지는 정보시스템이 구축되어야만 4스텝에서 최적 보전 주기를 정할 수 있기때문에 이로 인한 설비의 신뢰성을 확보할 수 있고 최적의 보전비 관리도 가능하기 때문이다. 21세기 제조 현장의 과제는 불확실성 수요에 수반되는 다품종 소량 생산과 현금흐름(Cash-Flow) 회계 중시의 시장평가에 대응하여야 한다는 것으로서 이에 따른 TPM의 새로운 역할을 기대하고 있다. 많은 기업에서 TPM 활동의 종요 관리지표로 활용하고 있는 설비 종합 효율도 다품종 소량 생산 체제로의 급격한 변화에 대응하기 위해서는 산출 관리 방식을 여러 가지 각도에서 생각해 보는 것이 필요한데 예를 들면 최종 나타나는 종합효율의 수치로서 설비의 성능을 단순히 평가하는 것이 아니고 개별 로스로서의 보충 지표를 다양하게 개발 활용하는 방안을 적용하는 것 등으로 종합적인 생산 효율을 향상하도록 하여야 하나 단위 로트 당 작업준비 교체 시간의 최소화 노력은 지속화하여야 한다. 이러한 수주생산 체제에 적응하기 위해서는 모든 공정이 '밀어 넣기(Push system) 방식'이 아닌 '끌어당기기 방식(Pull system)'으로 전환되어 하는데 이를 전제로 한 설비종합효율의 목표를 관리하는 분석 체계가 운영되어야 한다. 현금흐름(Cash-Flow) 회계 중시의 시대 변화에 대응하기 위해서는 TPM의 기능별 활동에 대한 역할도 재정립할 필요가 있는데 개별 개선 테마에 의한 성과 금액의 산출 관리를 회계시스템과 연계시키는 방안이라든지 계획보전 활동의 효율성을 최적의 보전코스트에 기준으로 해 설정하는 것 등이다.

    TPM 활동이 국내 제조기업 현장에서 자주보전 스텝 활동을 중심

	1980년대	1990년대	2000년대	2010년대	2020년대
	QC/TQC	TQM(품질경영), 품질경쟁력 우수기업 평가시스템			
		5S/자주보전 (1-3, 4스텝)	TPM PART I (4스텝)	TPM PART II EAM/Lean-TPM	스마트 TPM (혁신의 융합)
		ISO 9001외 OHSAS18001	ISO 26001 HACCP	HLS ISO 45001	EGS 중대재해처벌법
		TPS, 6시그마 TOC	ERP/SCM/TRIZ Lean 6 시그마	SMART FACTORY 4차 산업혁명 (ICT, 빅데이터)	인공지능(AI) DX, AX 시대

그림 1.8 TPM 혁신활동의 변화와 연관 트렌드

으로 30년 가까이 추진되면서 많은 변화 과정을 거쳐왔는데 1990년대에는 5S와 자주보전 1~3스텝을 2000년대는 PART I 관점에서 자주보전 4스텝 중심으로 2010년대에는 TPM PART II 활동을 기업 특성에 맞게 추진하였으며 2020년대부터는 스마트 TPM으로의 역할이 필요하다. 〈그림 1.8〉에는 TPM 혁신활동의 변화와 연관하여 기업에서의 혁신 및 시스템, 트렌드 사항을 나타내었다.

2) 기본을 더 중시해야 한다.

기업의 경쟁력을 강화하기 위한 혁신 활동은 시대가 발전하는 흐름에 따라 변화해 온 것은 사실이다. TPM도 이러한 측면에서 최근 스마트 TPM에 대한 관심이 나타나는 것이라고 보이나 TPM의 본질이 3현주의를 기본으로 제조현장에서의 기본을 중시하는 것이므로 스마트 TPM으로의 전환을 도모하더라도 5S 활동 등 현장 작업환경 조성 및 기본적으로 지켜져야 할 사항은 지속적으로 유지관리 하는 것이 중요하다.

시대가 바뀐다고 해서 물이 저절로 아래에서 위로 흐르지는 않는다. 5S 활동은 우리 생활을 규칙적으로 바꾸는 역할을 하게 되는데 즉 습관화하도록 하는 것이 목적이다. 5S란 정리, 정돈, 청소, 청결을 철저히 하여 생활화하는 것으로 House-keeping이라고 표현하기도 하는데 정리·정돈·청소 등 가장 기본적인 행동을 하는 것이 중요하다는 의미가 포함되어 있다. 5S에서 중요한 것은 현장에서의 실천과 지속적인 유지관리이다. 특히 정리되고 청소 상태를 잘 유지관리 하기 위해서는 3정(定)이 잘 실행되어야 한다. 여기서 3정이란 정돈의 방법으로 정위치, 정품, 정량을 의미한다. 즉 어디에 무엇이 몇 개 보관하여야 할 것인가를 정하는 것으로 물건을 두는 방법의 표준화라고 할 수 있다. 정위치는 사용할 물품을 놓는 바른 위치를 정하는 것이다. 작업상에 지장을 주지 않는 위치로 하되 사용하기에 불편하지 않은 장소를 선정하는 것이 중요하다. 시각적인 효과만을 고려해 사용하기가 불편한 위치로 하게 되면 장식물에 지나지 않게 되고 사용 후에도 제 위치에 되돌려 놓지 않게 된다. 정품이란 사용하는 물품의 품목을 표기하는 것이다. 표기 방법은 물품에 기재하는 방법과 선반 등 정위치 장소에 표기하는 방법이 있으며 이 경우에는 품목 표시가 간판의 기능도 하게 된다. 사용 중 장소를 이동하는 경우도 있기 때문에 선반 품목 표시는 위치 변경이 가능하게 하는 것이 좋다. 3정 중 가장 실시 관리가 어려우면서도 잘 실시되면 효과적인 사항이 정량화이다. 정량을 한마디로 요약하면 적정한 사용량을 정하여 경제적으로 사용하자는 것이다. 현장에서는 향후 활용 사항을 예측하기가 어렵기 때문에 항상 필요한 양보다 더 많은 여유분을 보유하려고 하는 것이 일반적인 현상이다. 따라서 최대, 최소 재고량을 정하여 사용상의 위험부담을 감소시키고 이를 잘 유지하기 위한 발주 시기를 잘 관리하는 것이 합리적이다.

3정을 통한 정돈을 실시할 때에는 반드시 사용의 효율성을 고려하여야 한다. 사용하기가 불편하면 지속적인 유지관리가 불가능해지기 때문이다. 표준은 규범이고 규칙이며 약속이다. 5S 활동의 생활화를 위해서는 철저한 정리를 통하여 필요한 물품만을 있게 하고 3정의 실시를 통하여 사용의 효율화를 기하는 것도 중요하지만 누구나가 정해진 사항을 반드시 지킬 수 있도록 하는 표준 작업이 수반되어야 한다. 표준화를 작성하는 경우에는 사용하기가 쉽고 유지하기가 용이한 규정으로 만드는 것이 중요하며 공장 전체적으로 통일된 사항이어야 한다. 5S 활동에서의 표준화는 필요하지만, 표준화 대상을 선정할때에는 5S 활동의 생활화를 위해 필요한 사항인지를 종합적으로 검토하는 것이 필요하다. 표준화가 필요하지 않은 사항까지 표준화가 되면 5S 활동이 오히려 형식적인 활동으로 흐르게 될 수도 있기 때문이다. 5S 활동은 모든 혁신 활동의 기본이다. 마이클

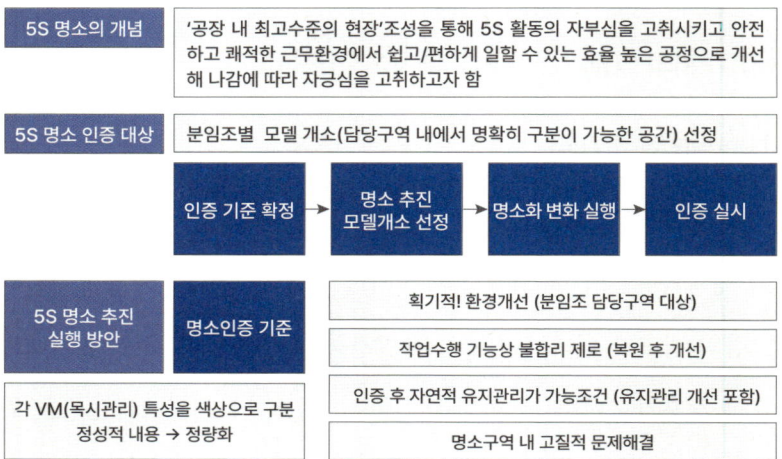

그림 1.9 5S 명소 인증 개요

레빈의 저서 '깨진 유리창 법칙'에서도 이 세상에 사소한 일은 없으며 깨진 유리창을 신속히 수리하듯이 기본적인 사항을 중시해야 한다는 것으로 강조하고 있다.

　이러한 혁신의 기본이 되는 5S 활동이 오랫동안 많은 기업 현장에서 추진되었으나 누구나 만족할 만한 모습을 지속적으로 유지한다는 것은 쉬운 일이 아니다. 5S 명소 활동은 현장의 정리, 정돈된 모습이 흐트러지지 않고 청결한 상태를 최상의 모습으로 관리하기 위한 수단인데 〈그림 1.9〉는 5S 명소 활동에 대한 인증 관련 사항으로 현장이나 사무실 분임조 대상으로 인증 대상 개소(담당구역 내에서 명확히 구분이 가능한 구역)를 선정하여 인증을 추진함으로 분임조(분임조가 구성되어 있지 않은 경우는 기업 조직 상황에 맞게 선정) 소속원 스스로 자부심을 고취하고 안전하고 쾌적한 근무 환경을 통해 생산성 향상에 기여하게 된다.

(3) TPM의 역할

1) 선행보전의 기능

선행보전은 Proactive Maintenance의 약어로서 글로벌기업에서 메인티넌스의 한 방법으로 실시하는 보전 방식으로 예방보전이 고장의 징후가 나타나면 고장이 발생하기 전에 대응하는 데 비해서 고장 징후가 시작되기 전에 대처하는 것으로 고장 제로 달성을 위한 최적의 보전 방식이다. 선행 보전을 위해서는 설비의 윤활 관리가 중요한 역할을 한다. 윤활(潤滑)은 기계 부품 사이의 마찰을 줄여 마모와 부식을 방지하고 원활한 작동을 하도록 하는데 기계 부품 사이의 직접적인 접촉을 줄여 마찰을 감소시키며 마찰 감소는 마모를 줄여 부품의 수명을 연장하도록 한다. TPM의 특성이 결과계보다는 요인계를 관리하는 것인데 고장 제로를 위해서는 돌발고장 발생 이후에 근본 요인을 분석하여 재발이 되지 않도록 하는 것도 필요하나 이보다는 설비를 구성하는 부품의 기능이 저하되지 않도록 사전에 관리하는 것이 중요하다. TPM에서는 이러한 활동을 자주보전을 통해 실시하고 있는데 이것이 글로벌 기업에서 실시하는 선행보전의 기능이라고 할 수 있으며 이를 수행하기 위해서는 설비에 강한 오퍼레이터의 양성이 필요하다.

2) 현장의 변화

TPM 활동의 가장 큰 강점은 현장의 경쟁력을 갖출 수 있다는 점이다. 특히 제조기업은 현장의 운영 시스템이 어떻게 작동하느냐에 따라 생산성이 좌우된다. 아무리 좋은 전략과 방침이 설정되었다 하더라도 현장에서의 실행력이 따라주지 못한다면 무용지물이 될 것이기 때문이다. 이런 측면에서 제조기업의 TOP은 현장이 강한 경쟁력을 가질 수 있도록 지속적인 지원과 관심을 두도록 하여야 한다. 일부 경영혁신 활동의 경우에는 실무적 활용성이 떨어져 이론상의 기법으로 그치는 경우가 있는데 이는 현장에서의 실천력을 간과했기 때문이라고 보인다. TPM에서는 3현 주의를 중시한다. 3현주의란 현장, 현물, 현상을 말하는 것으로 제품의 경쟁력은 현장에서 현물 관리가 현실적으로 잘 실행되었을 때 결정된다는 것을 의미한다. 당연한 사항 같지만, 혁신의 주체는 사람이다. 혁신 활동이 성공하느냐 실패하느냐 하는 것은 혁신을 주도하는 사람의 역량과 마인드에 달려있다고 할 수 있다. 그래서 TPM에서는 강한 현장을 통해 혁신의 꽃을 피우기 위해 현장 실무자의 역량을 강화하는 데에 역점을 두고 추진한다. 기본 이론교육, 설비 6계통을 이해하기 위한 실습 교육, 다기능 교육, 신입사원 스텝 따라잡기 등 다양한 교육 프로그램을 운영한다. 신입사원 스텝 따라잡기는 현장에 새로 배치되는 신입사원을 단기간 내에 혁신 활동에 적응하도록 하기 위한 프로그램으로 구성되며 이 기간에는 실습일지를 작성하여 이해도를 파악한 후 정해진 기간 내에 실무 기능을 마스터할 수 있도록 중점 관리하고 있다.

TPM을 통해 현장의 경쟁력을 키워나가는 것이 필요하다. 강한 현장이 강한 기업을 만들고 이를 바탕으로 Global 경쟁력을 갖추도록 하는 것이 혁신 활동을 추진하는 목적일 것이다.

제 2 장

스마트 메인티넌스

 ← QR코드를 스캔하시면 동영상 강의를 볼 수 있습니다.

1. 메인티넌스의 진화

(1) 사후보전

설비는 시간이 지나면 열화가 진행되는데 이것은 사람이 나이가 들어갈수록 신체기능이 저하되는 것과 유사하다. 열화는 설비를 구성하고 있는 부품의 기능이 떨어지는 것으로 이에 따라 설비가 장해를 일으켜 제대로 작동이 되지 못하게 되는데 ISO 13372에서는 고장(Failure)을 아이템이 요구되는 기능을 수행하는 능력이 종료된 것이라고 정의한다. 사후보전은 설비나 기계가 고장 난 후에 수리하거나 복구하는 보전 방식으로 BM(Breakdown Maintenance)이라고 하며 돌발적인 설비 정지로 인한 생산 차질이나 추가적인 손실이 발생할 수 있다. 사후보전의 단점으로는 예기치 못한 고장이 발생하게 되면 이로 인한 생산 공정의 가동률 저하를 초래하며 설비 기능을 정상적으로 복구하기까지 문제해결에 많은 시간이 소요된다. 사후보전이 설비의 효율적인 관리 측면에서는 바람직하지는 않지만, 상황에 따라서는 경제적이고 효율적인 유지보수 방식이 될 수도 있는데 이런 경우를 계획적 사후보전이라고 하며 설비의 중요도, 생산 운영 중단에 따른 손실, 유지보수 비용 등을 고려하여 판단하게 된다. 계획보전에서는 설비 등급이 C급 이하면 적용하고 있다. 사후보전이 발생하게 되면 보전 요원의 업무 변동 폭이 크고 강도가 증대되게 되므로 전략적으로 계획적 사후보전을 운영한다고 하더라도 가능한 돌발적인 설비 정지에 의한 사후보전은 지양하여야 한다. 생산설비가 C급인 설비도 오퍼레이터에 의한 자주보전 활동을 통하여 돌발고장 발생 확률을 최소화하여 설비의 안정화를 도모하면 사후보전 비율도 감소하게 된다.

(2) 예방보전

설비를 최적의 상태로 유지하기 위해서는 예방보전이 절대적으로 필요하다. 예방보전은 PM이라는 약어로 표현되는데 이것은 Preventive Maintenance의 약어로서 설비나 시스템의 고장이 발생하기 전에 사전에 대처하여 특정 운전 상태를 지속시키는 활동으로 설비의 예방 의학이라 할 수 있다. 즉 사람의 건강을 유지하기 위한 예방 의학에서는 병에 걸리지 않도록 위생에 주의하거나 몸 상태의 이상한 징후를 빨리 알아차리는 일상 예방과 전문가(의사)에 의한 정기적인 건강진단, 조기 치료를 할 수 있다. 따라서 생산 현장에서도 예방보전을 통해 설비 건강 상태를 유지하고, 병(고장)에 걸리지 않도록 열화를 막기 위한 일상보전(청소·더 조이기·급유·일상점검 등)활동

그림 2.1 예방의학과 예방보전

과 열화를 측정하기 위한 정기 검사 또는 설비진단, 열화를 조기에 복원하기 위한 정기보수 등을 실시하고 있다. 〈그림 2.1〉은 예방의학과 예방보전을 비교한 것이다.

예방보전은 일상보전과 정기보전, 예지보전으로 실행되는데 일상보전에는 일상점검과 윤활 활동이 포함된다. 일상보전은 고장의 예방 또는 조기 처리를 위하여 실시하는 청소, 급유, 조정, 부품의 교체 등의 활동을 의미하며 일상점검은 TPM에서는 설비의 정상적인 운전을 유지하기 위해서 생산 부문의 오퍼레이터에 의해 자주보전을 통해 일상적으로 시행하고 있다. 정기보전은 정해진 주기에 의해 실시되는데 과잉의 메인티넌스를 방지하기 위해서는 최적의 보전 주기를 설정하는 것이 중요하다. 이를 위해서는 가능한 장기간의 보전 데이터를 확보하는 것이 필요하다. 설비 기능이 고도화되면서 시간 기준에 의한 정기보전만으로는 설비 신뢰성을 확보하기에는 제한적이므로 설비진단 기술을 활용한 예지보전의 시행으로 정기보전의 효율적인 운영을 지향하고 있다. 최근 스마트 팩토리 시스템이 구축되는 제조 현장이 보편화되면서 정보통신기술 등 정보공학과 인공지능 등의 발달로 인한 생산 현장의 변화는 급격한 속도로 진행되고 있다. 이러한 스마트 시대에서는 설비의 역할이 더욱 중요해지게 된다. 자동화되고 고도로 정밀화되는 부품에 대한 기능적인 예방보전이 선행돼야 시스템 전체의 역할을 원활히 수행할 수가 있게 되기 때문이다. 사람의 수명은 디지털의 힘과 의학 기술의 발달로 점차 연장되고 있고 백세시대라는 것이 어색한 말로 들리지 않지만 얼마나 건강하게 오래 사느냐 하는 것이 더 중요한 이슈가 될 수도 있는 것 같다. 예방보전은 설비의 수명을 연장해 주는 중요한 활동이다. 세법에서 정해진 설비의 기본 수명은 감가상각 기간을 기준으로 하고 있다. 그러나 설비의 상태를 주기적으로 철저히 점검하고 점검 결과에 따른 설비의 상태를 잘 살펴 열화가 발생하기 전에 사전에 조치해 주는 예방보전 활동이 선행된다면 설비의 수명도 무한할 것이다.

(3) 예지보전

예지보전은 설비의 열화 상태 등을 기준으로 해서 보전 시기를 결정하는 예방보전 방법이다. 설비의 사용 상황, 설비 상태를 상시 진단하고 보전의 시기와 수리 방법 등을 결정하기 위해 설비진단 기술, 모니터링 기술의 개발과 적용이 필요하다. 설비는 시간이 지나면 기능이 저하되게 되는데, 이에 대해 제대로 대처하지 못하면 돌발고장이 발생하게 된다. 따라서 설비 상태를 실시간으로 확인하여 문제가 발생하기 전에 이에 상응하는 조치를 하는 것이 필요하다. 설비 점검은 고장 예방을 위한 최선의 수단이라고 할 수 있는데 가장 기본적인 점검 방법은 오감에 의한 방법이지만 설비진단 기술을 활용한 예지보전 활용이 점차 증대되고 있다.

산업 현장에서 진단 기술로 일반적으로 활용하고 있는 것은 진동분석, 열분석, 유분석(오일분석), 초음파 분석 등인데 이 중 가장 간편하고 쉽게 활용할 수 있는 것은 열화상카메라를 활용한 열분석 진단 기술이라고 할 수 있다. 80년대 중반부터 에너지 손실 방지를 위해 진단 수단으로 사용해 왔는데 장치산업 분야 등을 중심으로 에너지나 전기 설비의 열적 변화 상태를 파악하고 예측하기 위해서 뿐만이 아닌 회전기계, 컨베이어 등의 과부하, 정렬 불량 등의 이상 결함을 고장 발생 전에 감지하기 위한 수단으로 효율적으로 활용되고 있다. 적외선 열화상 카메라의 적용 범위는 〈표 2.1〉에서 알 수 있듯이 개폐기, 차단기 등의 전기 설비와 회전기계, 베어링 부문 등의 기계 설비뿐만이 아니라 벽체, 창문 등의 단열성능 등을 진단하는 건축 부문에서도 활용되고 있다.

진동분석은 기계나 구조물에서 발생하는 진동을 측정하고 분석하여 결함을 진단하고 개선하는 기술로 진동 감지기(센서)를 사용하여 기계나 구조물의 진동을 측정하는데 진동의 크기, 주파수, 위상

분야	대상설비	감지결함(적용범위)
전기	• 피뢰기, 변압기, 콘덴서, MCC 판넬릴레이, 제어기 contractor • 개폐기(switchgear), 차단기(breasker), 절연기, 스위치 • 퓨즈와 퓨즈고정장치 • 케이블과의 접점	• 접점 불량(헐거움, 부식) • 전원 불평형, 과부하 • 절연불량, 파괴 • 단락 • 피로, 열화, 오염
기계	• 회전기계(전동기, 펌프, 압축기), 왕복동 기계 • 롤러, 컨베이어, KIln • 베어링, 기어, 커플링, 벨트&풀리, 체인&스프라켓	• 설치불량(정렬불량, 헐거움) • 베어링 파손, 벨트, 편심 • 전동기 고정자 권선, 철심 적층 단락 • 과부하, 과열, 냉각 불량
에너지	• 보일러, 용광로, 건조기, 반응조 • 열교환기, 냉동기 • 가스, 증기 배관, 밸브, Seal • 굴뚝, Tank, Vessel	• 단열 성능 저하, 내화물의 열화 • 방열 손실, 열 효율 저하 • 스팀트랩, 막힘, 침전물 • 누출(배관, 지중 시설), 부식

표 2.1 적외선 열화상 카메라의 적용 범위

등을 측정하여 설비 상태를 분석한다. 유분석은 윤활유의 상태를 분석하여 설비 상태를 예지하는 분석기술로 열화 판정 방법은 기계 종류, 사용조건, 유종 등에 따라 판정하는데 고가의 장비로만 할 수 있는 것만은 아니며 현장에서도 간이로 오일의 열화와 수분가, 마모 입자 등을 관찰하기도 한다. 한국설비진단자격인증원에서는 설비 진단 기술에 관련된 사항을 ISO 18436-2, 4, 7, 8에 진단 기술자 자격제도를 시행하고 있는데 ISO 기계의 상태감시 및 진단 기술자 자격 인증제도는 기계 설비 공통의 기술인 상태감시와 진단의 기술 수준을 국제적으로 표준화하고, 인증된 기술자의 측정 및 진단 결과를 세계적으로 공인하는 것을 목표로 하고 있다.

〈그림 2.2〉는 PF(progressive mechanical failure)곡선으로 이상 트러블이 발생하기 전 나타나는 여러 가지 현상의 진행 사항을 단계적으

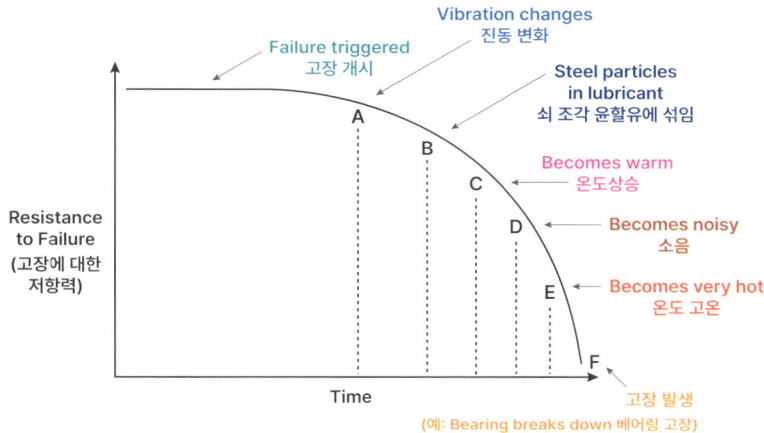

그림 2.2   PF(Progressive Mechanical Failure)곡선

로 제시한 것이다.

〈그림 2.2〉의 PF 곡선에 의하면 베어링이라는 고장이 발생하는 데에는 고장의 발생을 예측하는 여러 가지의 징후 등이 나타나고 있는데 진동이 발생한다든지 온도가 상승한다든지 하는 것이다. 이러한 이상 신호는 단계적으로 나타나는데, 진동에 의한 변화 현상이 가장 먼저 감지되고 윤활유의 오염, 온도의 상승, 소음의 증가 순서로 이상 징후가 발생하게 되는 것이다. 따라서 설비의 이러한 이상 조짐에 대해 항상 주시하고 있다면 트러블이 발생하기 전에 적절한 대책을 실행하여 고장을 예방할 수 있다는 것이 PF 곡선의 의미이다.

(4) 예측 보전

스마트 팩토리의 설비관리 부문에서는 예측 보전을 요구하고 있다. 아직 예측 보전에 대한 명확한 정의가 정립되지는 않았지만

CMMS에 축적된 설비보전 정보와 설비진단 기술에 의한 설비 상태의 데이터를 종합 분석해서 설비의 수명을 예측하는 보전이라고 할 수 있는데 실시간 통합 모니터링 분석 체계의 구축이 필요하다. 예측 보전은 제조 공장에서 발생할 수 있는 잠재적 문제를 사전에 파악하기 위해 검출되는 실시간 센서 데이터, 기계의 과거 사용 이력과 현재 상태의 정보나 데이터를 기준으로 기계설비의 부품이 마모되거나 성능이 저하되는 시기를 계산하여 보전 방법을 결정한다. 이것을 위해 인공지능 솔루션을 활용하기도 하는데 설비 상태를 예측하는 등의 사전 대응을 통해 생산성 향상 및 비용 절감도 가능하다. 2024년에 킨텍스에서 개최된 제20회 서울국제생산제조기술전(Seoul International Manufacturing Technology Show, 이하 'SIMTOS')에서 기계 고장 상황을 예측하고 사전 대응할 수 있는 'AI 예지보전' 솔루션이 소개되었는데 AI(인공지능) 딥러닝으로 기계가 정상적으로 작동하는 상황의 파장을 학습하고 이상 패턴이 발견되면 관리자에게 알려 대처할 수 있게 하는 것으로 스마트 팩토리 관점에서 기계 고장 상황을 예측할 수 있다면 리스크를 예방할 수 있게 될 것이다.

2. 설비자산의 활용

(1) 보전 계획과 실행
1) 보전 계획

보전 계획이란 장기적인 전망에서 생산 활동을 효율적으로 행하기 위하여 설비의 보전을 경제적 또는 효과적으로 수행하기 위한 기본전략으로 보전 계획을 효율적으로 수립하는 것이 중요하다. 보전 계획을 수립하기 위해서는 계획(planning)과 준비(preparation)가 필요하다. 계획은 신뢰도 및 보전실행도 사이에 연결되어 있으며 보전실행(Maintenance Execution) 프로그램의 가이드로서 보전실행이 잘 수행될 수 있도록 책임지는 능력이라고 할 수 있다.

준비(preparation)는 보전 업무 가치를 관리로서의 일을 담당하는 관점에서 실시된다. 보전 업무에 대한 계획을 수립할 때는 기간을 구분하여 설정하게 되는데 일반적으로 연 단위, 월 단위, 주 단위, 일 단위로 하게 된다. 년 단위로 수립하게 되면 장기계획이 되고 주 단위 수립은 단기계획으로 분류된다. 일 단위 분류도 가능은 하나 보통 주 단위를 보전 계획을 수립하는 기본 단위로 간주하고 있다. 보전 계획 시 포함되는 작업에는 정기수리 업무(shutdown도 포함됨), 공사 업무, 개조 수리 업무, 예방보전 업무 등이 있다. 보전 계획에 따른 업무를 수행하는 자원으로는 내부 보전 기술자, 정비 협력 업체, 보전 공구류, 보전 예비품 등이 해당한다. 보전 계획은 생산 부문과 보전 부문과의 협조 연계, 협력업체, 보전기술자, 생산기술자 간의 긴밀한 협조가 필요하며 이것이 담당자 기능의 역할이기도 하다. 보전 계획을 작성할 때에는 그동안의 생산 및 보전에 관련되는 모든 정보의 공급과 활용이 수반되어야 하며 생산 현장에서의 요구사항을 반영하도록 하기 위한 기술자의 능력과 작업 의뢰의 진행 및 고장 기록에 대한 자료를 반영하는 것이 중요하다. 즉 다음의 보전 실시 항목(일상보전 계획 중에서 정기적으로 실행할 항목, 정기 점검, 정기수리, 점검·검사의 결과 발생하는 복원 수리, 품질개선 및 작업성, 보전성, 안전성, 경제성 향상 등의 개량보전 항목, 열화의 복원과 고장의 재발 방지를 위한 개선 항목)에 대하여 생산계획의 실행 능력을 조정하고 경제적으로 원활, 확실하게 추진하기 위한 사전 조정이 필요하다.

보전 계획을 잘 수립하여 활용하면 설비가 돌발적으로 발생하는 설비 고장을 사전 예방하는 효과도 기대할 수 있는데 설비의 신뢰성을 확보하기 위해서는 보다 세부적이고 실질적인 보전 계획이 필요하다.

연간 보전 계획은 장기적인 전망에 의한 설비의 신뢰성 보전을 위한 계획을 수립할 때 필요하다. 이러한 연간 계획을 기본으로 많은 제약조건 속에서 보전 업무를 어떻게 추진시켜야 할까 하는 구체적 실시 계획인 월간, 주간 보전 계획을 수립하게 된다. 이의 실행을 위한 정기적인 보전 회의가 필요하며 관계부서와의 미팅(role meeting)도 실시하여야 한다. 연간, 월간 보전 계획의 진도관리 및 주간계획

[범례] O: 해당함, X: 해당없음

생산보전 방식 설비등급	일상 보전	정기 보전	예지 보전	계획적 사후보전	비계획적 사후보전	개량 보전	보전 예방
A급	O	O	O	X	O	O	O
B급	O	O	X	X	O	O	O
C급	O	X	X	O	X	O	X

그림 2.3 설비등급별 보전 방식

과 작업지시에 대한 피드백이 주기적으로 실행되어야 하며 사전계획에서는 보전 예산과의 관련성도 검토된다.

보전 계획을 수립하기 위해서는 보전 실시 항목의 표준화 및 선정, 정기보전의 최적 보전 주기의 산출, MTBF(Mean Time Between Failure: 평균고장 간격시간) 기록표 활용, 보전 스케쥴·정비시간, 보전비용의 견적, 협력업체 확인 등을 감안하여야 한다. 또한 한정된 자원(보전비용, 수행 인원)에서 보전을 효율적으로 실시하기 위해서는 중점 설비에 대한 선정도 검토할 필요가 있다. 즉 생산 활동과 관련된 평가 조건을 반영하여 선정된 설비별 등급에 따라 예방보전 대상을 명확히 하는 것을 의미한다. 〈그림 2.3〉은 설비 등급별로 실시하는 보전 방식을 구분하여 나타낸 것으로 A, B급 설비인 PM(예방보전) 설비에 한해 정기보전을 실시한다.

보전 계획 중 정기 수리나 shutdown 등은 설비를 어떤 기간에 정지시켜 행하는 보전 실시로 생산 상에 큰 손실이 발생하지 않도록 개별의 보전 계획과 진도관리가 필요한데 실행 기간 단축이 최대 과

제로서 자재 계획이나 인원 확보 등 철저한 사전 준비가 필요하다. 또한 설비의 열화 상태에 따라 보전 범위가 달라지므로 설비 상태를 명확히 사전 체크하여야 하며 보전 계획은 한번 세웠더라도 생산계획 등 여러 요인 때문에 적정, 유연하게 수정할 필요가 있다. 따라서 정기 검사나 수리 결과를 반영하여 적정 주기나 보전 계획 업무량의 조정이 필요하게 된다.

2) 보전 실행

보전 실행이란 보전 업무를 수행하기 위해 요구되는 역량으로 장인 정신의 바탕 위에서 실행될 수 있다. 보전 업무에 대한 강한 사명감 없이는 아무리 훌륭한 예방보전 프로그램이나 보전 계획도 어떤 가치 있는 것을 만들어 갈 수 없기 때문이다. 보전 업무의 특성상 종속적인 유형의 업무가 많아 상황에 따라 최적의 방안을 찾아내는 것이 필요하다. 가치를 창조한다는 것은 예방보전 프로그램을 기본으로 하는 계획과 준비에 따른 실행력과 연관되어 있다. 보전의 가치는 예방보전 프로그램과 수리 요구 등이 반영된 보전 계획 외에도 예상하지 못한 사후보전을 실행하기도 한다.

보전 작업은 여러 가지 형태로 실행하게 된다. 예방보전은 일반적으로 세 가지 형태로 실시하게 된다. 일상보전과 정기보전 그리고 상태감시보전으로 구분되어 실시되며 여기서 일상보전이란 보전 실행 구분에서는 수리 복원, 기타 작업 등에 해당하는 것으로 청소

(센서 등 기능적인 청소 실시를 의미함), 급유, 체결 실시, 간단한 소수리 작업을 의미하고 있다. 예방보전은 3현주의(현장, 현물, 현상)에 입각하여 문제를 발생시킬 수 있는 요인을 사전에 찾아내어 조치함으로 고장 제로를 달성하고자 하는 활동이다. 국내 제조기업에서 실시하고 있는 TPM 활동도 예방보전을 추구하고 있는데 특히 설비를 운전하는 오퍼레이터에 의한 보전 작업인 자주보전을 실행하는 것이 특징이다. 정기보전은 정기점검, 정기 검사, 정기 수리로 세분화할 수가 있다. 일반 생산 현장에서 많이 시행되고 있는 정기적인 over-haul 업무나 계장설비 등에 대한 검·교정 실시, 검사업무, 순회 점검 등도 정기보전에 속한다고 볼 수 있다. 정기보전 외에도 보전기록 및 데이터 활용 등의 설비보전 정보관리, 생산 부문에서의 작업 의뢰에 의한 수리·복원 업무가 있으며 설비 약점 개선 업무 등이 있다. 또한 최근에는 설비보전 업무의 효율적 가치를 증대시키기 위한 상태감시 보전 방법을 많이 활용하고 있다. 사후보전 업무는 점진적으로 감소하고 있는 경향이나 아직 돌발적인 트러블에 의한 보전 업무의 비중이 큰 편이라고 할 수 있다. 이 외에도 설비투자 관련 업무 및 보전 자재 관리 등에 관련된 업무도 수행하게 된다. 보전업무라고 구분하기는 어렵지만 보전스킬 향상을 위한 보전 교육에 대한 사항도 결코 소홀히 할 수가 없을 것이다. 이러한 보전 작업을 가치 있게 실행하기 위해서는 시스템적인 운영이 필요하다.

　보전 작업의 실행에 있어서 바람직한 보전 업무의 비율에 대해 정

문서번호		보전작업 표준서			
작성일자					
제,개정 No		작업명	유압 실린더 수리방법		
설비명		적용범위(라인)		관리자	
작업자	기계	관련문서	(도면번호 등 모든 관련문서를 본 지시서와 연관된 모든문서)	승인자	
목적	유압 실린더의 올바른 보전 작업 숙지로 보전품질 향상 및 안전사고 예방			페이지	1/1

작업절차	작업 구분	작업 순서	작업 방법	소요 시간	사용 공구	작업 인원
(그림 또는 사진 등)	준비 작업	1	교반기가 밑으로 내려가지 않게 받친다.	10분	유압작키	3명
		2	유압라인 연결 카프링 분해한다.	10분	갈목	
		3	유압유를 배출 시킨다.	5분	스패너12	
	메인 작업	1	후렌치 고정 렌치볼트 제거(6개중3개는 그대로 둔다)	20분	L-렌치10	
		2	분해치구 체결(M12*350L 볼트3개)	20분	L-렌치10	
		3	유압작키를 내리면서 체결 Nut 를 풀어준다.	30분	정, 망치	
		4	실린더하강시 라인의 유압유를 용기에 담는다.	10분		
		5	중간 커플링 로크Nut 분해(위:왼나사,아래:오른나사)	10분	후크렌치	
		6	피스톤 로드를 커플링에서 분해한다.	10분		
		7	유압작키 제거, 실린더 지면에 닿으면 볼트 제거	10분		
		8	유듀렌치 8개 제거하여 플랜지 분해	10분	L-렌치14	
		9	유듀렌치(M16) 이용하여 Piston rod 카바 분해	10분		
		10	Piston을 실린더에서 분해한다.	25분	6mm 핀	
		11	실린더 내부를 깨끗이 세척한다.	20분		
		12	피스톤 Packing및 O-ring를 교체한다.	20분		
	마무리	1	조립은 분해의 역순으로 한다.	110분		
		2	유압라인 연결후 상,하작동중 에어를 Vent시킨다.	30분		
			작업소요시간	330분		

개정이력	개정일	주요 개정내역	작성자	◈ 작업시 주의사항(EHS) "경고"	◈ 이상시 조치사항
				1. 관련된 전원을 off한 후 작업에 임한다.	(본 작업절차의 수행시 발생 가능한
				2. 중량물 취급 관계로 특히 안전에 유의한다.	문제점 및 해결책 작성)

그림 2.4　보전 작업 표준서 사례

해진 사항이 있는 것은 아니나 정기보전을 우선적으로 시행하는 것이 필요하며 TPM에서는 계획보전을 최적의 보전 주기에 의한 정기보전이라고 정의하고 있다. 그러나 명확한 것은 단순한 수리 작업 및 돌발 고장에 의한 사후보전에 의한 작업보다는 보전의 미래 가치를 창출하기 위한 보전 작업의 역할이 점차 많아져야 한다는 것이다.

보전 작업을 실시하다 보면 반복적인 수리 업무 등이 발생하게 되는데 이런 경우에는 일의 순서를 표준화하면 많은 도움을 받을 수 있게 된다. 보전 작업을 표준화 하는 것은 보전 작업에 대한 작업 순서와 표준 시간을 결정하여 여러 요소들로 구성된 보전 작업의 효율성을 향상시키기 위한 것이다. 또한 보전 작업의 표준서 작성은 보전 정보 관리를 위한 기초 자료로서도 활용되어 진다. 다만 보전 작업의 특성상 생산 공정상의 작업과 같이 표준화하기가 쉽지 않으므로 우선 실행하는 내용을 정리한 후 지속적으로 보완 작성하여 활용하는 것이 필요하다. 〈그림 2.4〉는 계획보전을 추진하는 기업 보전 현장에서 작성하여 활용하고 있는 보전 작업 표준서의 사례이다.

보전의 실행 작업이 얼마나 쉽고 정확하게 그리고 경제적으로 수행되느냐 하는 정도를 나타내는 것으로 보전도라는 보전지표가 있는데 이는 시스템이나 설비 설계의 고유 특징을 의미하기도 한다. 보전 계획을 잘 수립하고 이를 보다 효율적으로 실행한다는 것은 설비보전에서 중요한 사항으로 우리는 이제까지 현안의 문제를 해결하는 일에 급급했던 것이 사실이다. 이러한 상황에서는 설비보전 업무가 가치를 추구할 수 없으므로 정기적으로 보전 업무의 가치를 분석해 보는 것은 큰 의미가 있다.

(2) 보전 인프라

1) 보전자재관리

보전자재(maintenance material, parts)는 일반적으로 설비나 시스템을 구성하고 있는 부품 또는 예비품이라고 할 수 있으나 이에 대한 대상 범위의 결정은 사용처에서의 제반 요소와 보전정책에 의해 결정되는 경우가 많다. 보전 자재의 범위는 넓게는 더 이상 분해되지 않는 최종 단위인 부품(parts)과 부품 조합으로 구성되며 설비에서의 기능 수행을 위하여 필요한 부품조립(assembly)으로 구분할 수 있다. 여기서 부품조립인 assembly는 여러 단계로 재분류(예를 들면 부품조합, 그룹, 세트 등) 할 수도 있는데 이것은 보전 자재의 구매방식, 보전 능력 및 인적요소, 경제성 등에 여러 요소에 의해 결정되어 진다. 보전자재의 재고는 수급조절 기능이라는 장점도 있지만 비용을 증대시키고 문제점을 잠재화하게 되는 단점이 더 많으므로 가능한 최소화하는 것이 좋다.

보전 자재의 운용 관리에 대한 조사에 의하면 화학이나 식품산업의 경우 보전성 자재의 재고 가치는 자산 대체 가치의 평균 3%에 해당하며 이 중 30~50% 정도는 돌발고장의 발생에 대비하거나 수리를 위하여 보관하는 명목 하에 거의 사용하지 않고 장기 재고로 방치된 것으로 나타나고 있다. 그 결과 재고 공간의 사용 비용 증가 및 재고 가치의 감소로 인한 손실 비용이 발생하게 되는 것이다.

보전 자재의 장기 재고에 대한 사항은 줄여나가야 하지만 돌발적으로 발생하는 설비 고장에 신속히 대응하기 위해서는 필요한 보전 자재는 불가피하게 보관하고 있어야 한다. 재고 금액을 줄인다고 하여 돌발적인 설비고장에 의한 생산 손실이 더 크게 되면 제조원가에 좋지 않은 영향을 미치게 되므로 생산 최적화 운영에 필요한 최소한의 상비품은 관리되어야 한다. 그러나 돌발고장 제로화를 위한 예방 보전 시스템의 철저한 실행과 SCM(supply chain management)의 체계적 운용 등이 병행된다면 현재보다 더 발전된 보전 자재 관리 체제를 구축할 수가 있는데 이런 측면에서 보면 보전 자재 관리도 예방보전 시스템의 일환이라고 볼 수 있다. 즉 보전 자재는 보전 시스템의 수준과 보전기술에 의해 재고량을 최소화할 수가 있는 것이다.

설비 보전 자재의 효율적 활용을 위해서는 설비 부품 단위까지의 세부 분석을 실시하여 이를 정보화하는 것이 필요하고 부품별 교체 주기, 보유 수량, part 번호까지 구분 정보화하는 것이 좋으며 이를 설비 전산화 프로그램의 운용과 연계하여 활용하면 효율적으로 실행할 수가 있다.

보전 자재 관리의 운용 중 중요하게 고려하여야 할 또 하나의 사항은 순환품의 기능을 보유하고 있는 보전 자재에 대한 관리이다. 즉 모터, 펌프 등은 예비기기를 재고로 보유하고 있다가 필요시에는 기기별로 정비하고 교환된 기기는 수리 후 재고하게 되면 다시 교환, 정비의 순환적인 사항을 반복하게 된다. 따라서 이러한 순환 자재에 대해서는 자재의 이동에 대한 보전 기록을 잘 관리하는 것이 중요하다. 설비 전산화 운영 시 순환 보전자재를 단순 보전 자재로 분류하게 되면 예방보전을 위해 필요한 보전기록의 효율적인 관리가 불가능하므로 반드시 유의하여 분류하여 관리하도록 하여야 할 필요가 있다. 보전 자재의 보관 장소는 사용 빈도 및 보충 방법 등을 고려하여 정하게 된다. 설비 고유 부품 등은 가능한 사용 설비와 가까이 보관 하는 것이 효율적이며 공통 자재 등은 자재 창고 등에서 보관 관리하는 것이 일반적으로 사용에 편리하며 운반의 낭비를 최소화하도록 하는 것이 필요하다. 간혹 보전 자재를 보관하는 장소에 가보면 자재별 용도가 혼재되어 있어 사용하기에 불합리한 경우가 있는데 이런 경우에는 정리, 정돈을 확실하게 실시하여 사용의 효율성을 기하는 것도 보전 자재의 기본적인 관리 방안이며 물리적으로 정돈이 가능하도록 하는 것도 필요하다.

2) 보전 정보 관리

설비의 정보관리란 보전 대상인 설비에 대해 모든 기술적인 정보들을 시스템적으로 축적하고 관리하고 활용하는 능력이라고 할 수 있다. 이미 우리는 초고속 정보화의 시대에 진입해 있으며 누가 경쟁자보다 최신 정보를 가지고 활용하느냐에 따라 경쟁력 우위를 점할 수가 있다. 설비에 대한 보전 정보도 얼마나 잘 나타내고 활용하느냐 하는 것이 중요하다.

정보란 정보의 수신자에게 의미가 있고 현재 또는 미래의 행위 또는 의사결정에 실질적으로 또는 개념적으로 도움이 되는 형태로 가공된 자료이다. 보전 정보 관리는 조직의 여러 환경 요소에 의해 결정되어야 한다. 어떠한 하나의 소프트웨어에 정보관리 체계를 적용하기보다는 자신의 기업에 적정한 보전 정보 관리 체계를 구축하여야 한다. 보전 정보 관리에서 중요한 사항은 올바른 정보가 적시에 필요한 사람에게 공급되는 것이다. TPM 활동에서는 계획보전을 통해 보전 정보 관리 체계 구축 과정을 실행하고 있다. 그러나 기업마다 보전 정보 관리 체계 구축 상태는 많은 차이를 나타내고 있다. 현장 및 공정에서의 데이터가 실시간으로 정보화되어 실무 부서에서 활용할 수 있도록 정보체계가 완벽하게 구축되어 있는 기업이 있는 반면에 아직 기본적인 정보관리 운영조차 실행되지 못하고 있는 경우도 있다. 현장의 데이터가 보전 업무에 실질적인 가치를 부여하기 위해서는 정보의 흐름이 중요하며 현장의 데이터를 업무에 가치로 변환시켜 활용하는 것이 중요하다.

보전 정보관리 체계를 구축하고자 하는 목적은 효율적인 설비관리를 위해서인데 적기 생산을 위해서는 설비 조건, 운전 및 보전 이력, 보전비용에 관한 정보는 항상 공유하여야 하며 보전 정보 관리는 효율적인 설비관리를 위한 기본 요건이다.

보전 정보 관리시스템의 도입은 관리의 합리화, 품질의 고도화, 업무의 성력화, 기능의 종합화를 목표로 하고 있다. 그러나 시스템의 계획 및 운용이 비효율적이면 정보시스템 도입을 위한 개발기간, 인원, 비용 등의 손실이 발생할 수가 있다. 따라서 보전 정보 시스템은 어떠한 기능을 시스템화 할 것인가가 명확해야 한다. 보전 정보화를 위한 soft-ware를 도입할 것인가 아니면 자체 개발하여 활용할 것인가를 결정하는 것이 중요하며 보전 정보 시스템을 개발하기 위해서는 보전 현장 실무자가 정보시스템을 개발할 때 반드시 참여하여 실무적인 측면에서의 사항을 반영하도록 하여야 한다.

설비의 신뢰성을 확보하기 위해서는 설비 고장 현상 파악 및 해석 처리의 신속화가 필요하며 이를 위해서는 보전의 정보화 관리가 필요하게 된다. 보전 정보 관리란 데이터 구조를 잘 분석하여 이를 적절하게 잘 활용할 수 있도록 시스템화하는 것이며 그 데이터가 신뢰성이 있어야 한다. 이를 위해서는 사용자와 개발자 간의 긴밀한 소통, 시스템 활용 및 training program에 관한 운용 외에 현장 raw data의 신뢰성 확보가 필요하다.

3) 보전기술관리

보전 관리는 업무의 특성상 광범위하고 예측하지 못한 변화가 발생하는 경우가 많으므로 이러한 상황에 유연하게 대응할 수 있는 전문적인 보전기술이 요구된다. 보전기술의 카테고리는 여러 가지의 유형으로 구분하고 있는데 첫 번째는 보전의 고유기술에 관련된 스킬(technical skills)로서 기계 및 전기, 계장, 기계 설치, 자동화에 관련된 적용기술이다. 고유기술은 단기간에 습득이 되지 않기 때문에 체계적인 훈련에 의한 지속적인 전문기술의 확보가 필요하다. 특히 최근에는 mechatronics(기계와 전기의 복합적 용어) 기술이 보편화되고 자동화 기술에 따른 계장·제어 관련 기술이 요구되는 경향으로서 보전요원으로서는 자신의 고유기술 영역을 계속 넓혀나가야 하는 과제를 안고 있다. 두 번째는 보전의 관리기술에 관련된 스킬(methodical skills)이다. 이 스킬은 보전관리를 더욱 체계적으로 실시하기 위한 것으로서 보전자재의 시스템적인 관리 등 효율적 운용을 위한 사항이 포함된다. 항공기 정비나 원자력 발전산업을 중심으로 최근에는 장치산업의 공정에서도 실무적으로 활용되고 있는 신뢰성중심보전

(RCM: Reliability Centered Maintenance)의 적용기술 등도 보전의 관리기술 스킬에 해당한다. 세 번째 보전스킬에 해당하는 것은 분석 스킬(analytical skills)이다. 보전 요원의 가장 중요한 업무 기능 중의 하나가 설비나 시스템의 이상 원인을 명확하게 규명하는 것이다. 이를 위해서 활용하는 분석 방법의 하나가 RCA(Root Cause Analysis)이다. RCA는 어떤 문제가 발생하면 그 원인을 근본적으로 찾아내어 재발하지 않도록 하기 위한 것으로 TPM에서의 왜왜 분석과 그 기본 개념을 같이 하고 있는데 PPS(Potential Problem Solving)도 분석기술에 관련되는 스킬 중의 하나이다. 네 번째의 보전 스킬은 커뮤니케이션 스킬(group-focused skills)로서 팀워크와 정보의 공유가 핵심이다. 보전 업무는 기본적으로 2인 1조 작업이 원칙으로 팀워크가 매우 중요한 역할을 하고 있다. 커뮤니케이션 스킬은 의사소통이 원활하게 이루어질 수 있도록 하는 능력을 보유한 것으로 현장 실무에서 발생하고 있는 현상과 필요한 조치 사항을 명확하게 언급한 보전 업무실행 보고서 등의 리포트를 작성할 수 있어야 한다. 다섯 번째는 정보통신기술의 활용 스킬(ICT skills)이다. 즉 CMMS나 MES 전산시스템 상의 PM module 등을 실무적으로 적용할 수 있는 능력을 의미한다. 더욱 큰 의미에서는 설비의 도입 계획으로부터 설비자산을 관리하는 시스템인 EAM(Equipment Asset Management)의 활용 사항도 해당한다고 할 수 있다. 설비의 복잡화와 고도화는 보전 업무의 고유 기술 관리 능력의 향상을 끊임없이 요구하고 있다. TPM 활동을 통해

오퍼레이터가 엔지니어로서의 내재화 능력을 갖추어 가는 측면에서 보면 보전 요원에게는 설비의 고도화 시대에 대응하는 보전 스킬의 심화가 선택이 아닌 필수가 되어가고 있다. 전문적인 정밀진단 기술을 습득하여 진동분석가로서의 업무를 수행하기 위해서는 최소 5년 이상의 교육훈련 기간이 필요하다. 따라서 현 보전요원을 진동 전문가로 양성하느냐 아니면 외부 전문가에 의한 협력 보전 업무를 실행하느냐 하는 의사결정이 필요하게 되는 것이다. 발전산업 부문이나 제지·철강 부문 등의 보전 업무를 담당하는 기술자는 진동 부문 기술자 자격을 획득하여 활용할 수 있도록 하는 것도 중요한 사항이다. 업무에 따라서 메인티넌스 서비스의 업무가 국내에서도 부가가치적인 전문 분야가 될 것이라는 전망은 점차 설득력을 얻고 있다.

보전 업무는 설비자산 관리를 위한 가장 기본적인 요소이다. 제조 현장의 설비자산 운영 및 프로세스 관리 등을 최적화하고 자원의 낭비를 최소화하는 시스템을 구축하는 것은 매우 중요한 사항이다. 설비자산을 유효하게 활용하여 기업의 수익성에 기여하는데에 있어서 보전기술자의 역할에 더욱 관심을 두게 되는 것이다. 보전 기술자들은 끊임없는 자기 계발을 통해 빠르게 변화되고 있는 설비기술의 진화에 대비하여야 한다. 새로운 AI 운용기술과 보전기술을 습득하여 자신의 경쟁력을 높이는 것이 보전 기술자의 블루오션 전략이다. 블루오션이란 기존의 치열한 경쟁 구도에서 벗어나 앞으로 다가올 현상에 미리 대비하고 선점하는 것이다.

(3) 신뢰성 중심보전

설비를 구성하는 수많은 부품 모두의 절대적인 신뢰성을 요구할 때는 RCM 관점의 보전 방식을 적용하고 있으며 RCM이란 Reliability Centered Maintenance의 약자로서 신뢰성 중심 보전이라고 하며 일정한 방법에 따른 평가 결과를 가지고 논리적이고 합리적인 방법으로 보전 작업을 선정하는 것으로 신뢰성 공학의 수법을 활용하여 대상이 되는 시스템 및 설비의 고장 모드와 고장 영향도의 중요 아이템을 선정하고 이에 대한 Logic Analysis를 통하여 안전과 신뢰성을 확보, 합리적이고 적절한 보전 작업을 결정하는 방법이다. 신뢰성 중심보전은 항공기의 정비 부문을 시작으로 하여 장치산업 부문 등에서 보전의 신뢰성을 확보하기 위하여 시스템의 구조상 일어날 수 있는 고장의 유형을 파악, 고장으로 인한 영향을 평가하여 이에 따른 대책을 사전에 조치하는 데 필요한 적정한 보전 방식을 선정하기 위한 의사결정의 방법이라고 볼 수 있다. 따라서 RCM을 적용하기 위해서는 설비 및 시스템의 구조를 잘 알고 있어야 하는데 이것을 위해서 설비 구조분석이나 시스템 구성 요소 전개도(SWBS: System Work Breakdown Structure) 등을 활용하기도 한다. 또한 보전 방식의 분류가 명확하게 되어 있어야 하며 각 보전 방식별 실시 방법에 대한 기본적 활동 방안이 정립되어 있어야 LTA(logic tree analysis)를 통한 적정한 보전 방식이 결정되었을 경우 바로 실무에 적용될 수가 있게 된다. RCM은 설비의 신뢰성을 확보하기 위한 것 이외에도 보전 작업의 가치를 추구하기 위한 핵심적 역할을 담당하고 있다.

RCM에서는 현 상황에서 가장 유효하고 효율적인 보전 방식을 결정하게 된다. 물론 이것이 가장 가치 있는 보전 작업이라고 할 수는 있으나 이는 현재의 보전 수준이 어느 정도인가에 따라 달라질 수도 있다. 예를 들면 상태 보전 작업을 수행할 수 없는 보전 수준의 작업 현장에서는 정기보전에 의한 점검, 정비 업무를 보다 많이 수행하여야만 하므로 결코 최적의 가치를 보유하는 보전 작업이라고는 할 수 없기 때문이다. 그러나 이는 생산의 규모와 산업 형태별에 따라 달라질 수밖에 없는 현실적인 고려는 필요하다. 최적의 보전 방식을 결정할 때 사용하는 방법이 LTA인데 〈그림 2.5〉는 LTA의 기본 적용 Pattern이다.

RCM은 신뢰성을 중시하는 보전으로 설비 보전 방식을 최적화하여 보전 시스템을 효율적으로 운용하고자 하는 방법으로 RCM을 추진하기 위해서는 여러 가지 신뢰성 기법 등도 활용하여야 하는데 이것은 어디까지나 이론적인 접근보다는 실무적인 활용성을 감안한 적용이 필요하다. RCM은 최종적으로 LTA를 통하여 시스템을 구성하는 요소별로 최적의 보전 방식을 선정하여 실시함으로 시스템의 운용상 발생할 수 있는 트러블을 극소화하는 이상적인 보전 기법이라고 할 수 있다.

RCM은 보전 방식을 합리적으로 결정하여 최적의 보전을 수행함

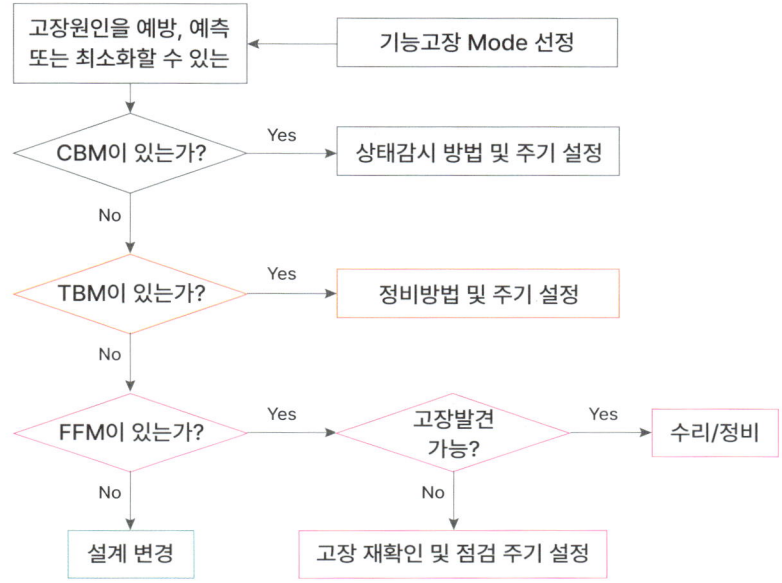

그림 2.5 LTA의 기본 적용 패턴

으로 설계 시 설정한 설비의 신뢰성을 유지하기 위한 좋은 방법이나 RCM을 적용하기 위한 기반이 조성되어 있지 않은 상태에서 서둘러 도입하거나 사전에 도입을 위한 철저한 준비가 되어 있지 않으면 성공적인 적용이 어렵다. 따라서 RCM을 성공적으로 실시하기 위한 전제조건이 몇 가지가 있는데, 우선은 보전에 관련된 Data가 충분히 확보되어 있어야 하고 보전 정보 관리 시스템이 구축되고 일정 수준의 보전 스킬이 확보되어야 한다.

3. 보전비용 관리

(1) 보전비용
1) 보전비용의 분류

설비보전을 수행하기 위해서는 비용이 많이 사용된다. 이러한 비용을 보다 가치 있게 효율적으로 운영하는 것도 원가관리의 일환이며 우리가 사용하는 보전비용은 제조원가를 구성하는 항목에 포함되어 있다. 따라서 이러한 보전비용이 cost center로서가 아닌 value center로써 활용될 수 있도록 하는 비용관리가 필요한 것이다. 비용이란 수익을 획득하기 위하여 지불하는 노력으로 수익을 창출하기 위하여 희생된 제품 및 용역에 대한 원가의 요소가 포함되어 있다. 즉 일정 기간 내에 기업의 수익성과의 관련 하에서 발생하는 경제가치의 희생액이다. 이런 관점에서 보면 비용과 원가는 다 같이 기업의 자본 순환과정에서 나타나는 경제가치의 희생액을 화폐액으로 표시한 것이란 점에서는 동일한 의미가 있다. 보전비용은 설비의 성능을 유지 복원시키기 위해 처리해야 할 비용으로 손익 계산서상 비용인 동시에 원가가 되는 목적 비용으로 분류할 수 있다.

보전비용은 크게는 재료비, 노무비, 수선비로 구분된다. 재료비에는 spare parts 구입 비용과 소모품비 등이 포함되어 있으며 노무비는 내부 인건비를 의미한다. 수선비는 third parties로서 외주 용역비 등이 해당하는데 이러한 구분은 요소별 분류에 의한 것으로 재무 회계상에서 분류하는 방법이기도 하다. 보전비용을 보다 세분화하면 요소별 분류 외에 보전 목적에 의한 분류, 수단에 의한 분류 및 관리에 의한 분류 등으로 구분할 수 있으며 설비가 신설 가동 후 초기 관리 기간 동안 설계상의 결함이나 기계가 안정화되기까지의 고장 또는 오퍼레이터나 보전요원의 미숙으로 인해 발생하는 고장에 드는 비용을 보설 비용으로 별도로 구분하는 경우도 있다.

2) 비용관리의 개선 모형

보전비용 관리는 보전비용이 보다 가치 있게 활용될 수 있도록 보전의 결정이 비용과 효용의 관점에서 적정하게 실행되도록 하기 위한 것이다. 보전비용을 책임지고 있는 관리자는 보전비용에 대한 전체적인 운용 관점에서 보전 KPI(key performance indicators)의 목표치를 고려하여 관리하여야 한다. 보전비용도 제조원가 예산관리의 통제를 받게 되므로 보전비용의 예산을 편성할 경우에는 일반적으로 여러 가지 사항을 고려하게 된다. 기업의 공정별 특성이나 설비관리의 수준에 따라 차이가 있으나 보통 보전비용은 선진국의 경우에는 제조 비용의 4~14%로 조사되고 있으며 국내에서는 이보다 낮은 비율로 운용되고 있는 것이 현실이다 (정확한 통계치는 파악되지 않고 있으나 3~5% 미만으로 추정됨). 일본 기업의 경우에는 보전비용이 매출액 대비 평균 3% 정도로 조사되고 있다. 자산관리 측면에서의 보전비용을 고려하는 경우에는 생산 프로세스에서의 자산 대체 가치 비용의

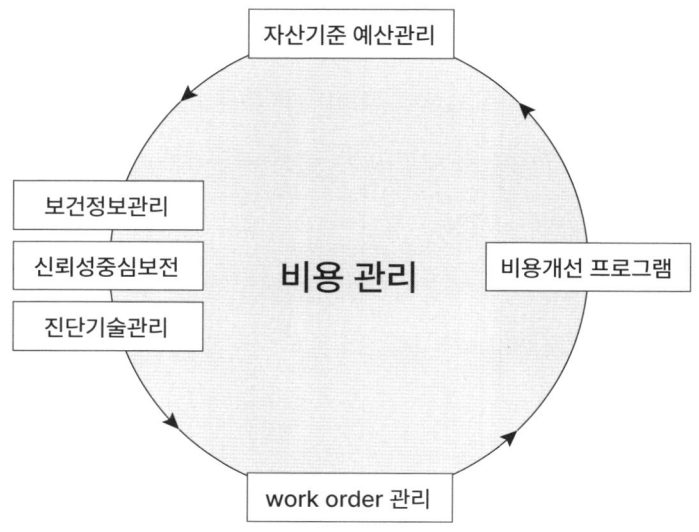

그림 2.6 보전비용 관리의 개선 모형
출처: Value Driven Maintenance (Mark Haarman 외), 2004.

3~5%가 적정한 수준이라고 할 수 있다. 〈그림 2.6〉에 적정한 보전 비용 관리를 위한 개선 모형이 제시돼 있다.

    비용관리는 자산 기준 예산관리에서 시작되어 이를 보전 정보 관리와 신뢰성 중심 보전, 진단 기술 관리를 통해 적정한 기준 안에서 설비보전이 계획되어 진다. 이러한 보전 활동을 통하여 나타나게 되는 보전 필요사항은 작업의뢰 지시로 실행되는데 이를 통하여 보전 비용은 작업 의뢰 지시 프로세스에 연계 되어지게 된다. 작업 의뢰 관리상에서의 개선 대상은 비용관리 프로그램에 포함되어 예산관리의 통제를 받게 되는 것이다.

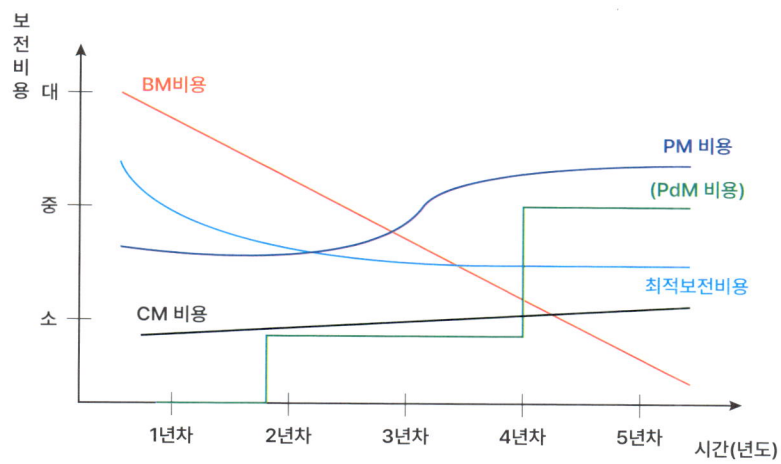

그림 2.7   보전 수단에 따른 비용의 가치곡선

(2) 보전비용의 가치곡선

　기업 활동의 목적이 이익을 추구하는 것이 현실이다 보니 설비보전 비용도 어쩔 수 없이 예산관리의 통제를 받게 되는데 현장에서 보전을 담당하는 관점에서 보면 설비를 안정적으로 가동하는 데 필요한 비용도 목표 원가 관리 측면에서 제한받는 경우가 발생하게 된다. 보전비 원단위는 생산 단위당 보전비용으로 산출하는데 원단위는 절감하도록 최선을 다해야 하지만 보전비용 전체를 통합해서 산출하다 보면 설비관리 장기 운용 전략에 따른 변수가 발생하게 된다. 최근에는 신규설비 투자 시 자동화 기능을 갖추고 있어 안정적인 가동 관리를 위해서는 설비진단 기술 적용에 대한 부분 등 예지보전비용이 증대하게 된다. 따라서 사후보전 비용이 감소하더라도 보전비용의 전체 금액은 늘어날 수도 있기 때문에 연간 보전비용의 예산을 편성할 때 이러한 사항을 반영하여 지출 실적에 대해서 사용 목적에 따른 구분을 명확히 하여야 한다. 예를 들면 보전 수단에 따른 비용의 가치를 구분해야 한다는 것이다. 물론 이것이 현실적으로 그렇게 간단한 사항은 아니지만 설비보전 활동이 단순히 고장 난 설비를 수리하는 수동적이고 소극적인 보전 활동이 되어서는 안 되며 가치를 추구하는 역할을 하기 위해서는 〈그림 2.7〉에서 제시하는 바와 같이 보전 수단에 따른 보전비용이 구분되어 관리될 수 있도록 하여야 한다. 이러한 사항은 스마트 팩토리가 구축이 되면서 전산화 시스템이 운영되므로 보전비 사용 시 보전수단 별 코드화하여 관리하면 실시간으로 산출할 수 있게 된다.

4. 보전전략

(1) 보전전략

보전전략이란 보전 활동의 주요 목표, 정책 그리고 행동 절차가 전체적으로 응집력을 갖도록 통합하는 패턴이나 계획이라고 정의할 수 있는데 보전이 경영관리로서의 위치를 확보하기 위해서는 이에 대응하는 적절한 보전전략이 필요하게 된다.

보전전략을 수립하기 위해서는 기업전략과의 연계성이 필요하다. 보전 부문에서 달성하여야 할 핵심 목표를 설정하여야 하는데 예를 들면 multi-skill을 보유한 보전인력의 양성 등이다. 현재의 상태와 비전과의 차이를 분석하여 전략 수립 시 반영하여야 함은 물론이다. 보전전략의 수립 시에는 세 가지 요소를 반영하여야 한다. 먼저 보전에 대한 의지(will)로서 설비보전을 수행하려는 비전과 목표가 명확하여야 한다. 비전(vision)이란 현상 파악을 통해 조직의 바람직한 모습을 창출하고 이를 실현하기 위한 과제를 세워 실행해 가는 혁신과정으로 현상과 목표를 결부시킨 장기성 경영 구상이라고 할 수 있다. 보전전략에는 보전 활동을 통해 이루고자 하는 방향이 명확히 제시되어 있어야 한다. 목표는 미션을 바탕으로 하는 구체적인 성과 목표로 나타난다. 목표에는 단기적 목표와 장기적 목표를 포함하는데 이러한 목표치는 관리 지표로 구체화하기도 한다. 예를 들면 Cost control 부문에서는 자산 대체 가치 금액에 대한 보전비용으로 Reliability engineering에서는 전체 보전비용 중에서 예방보전 비용의 비율로 지표화하고 있다. 또 하나의 요소로는 보전활동을 수행하기 위한 기반으로서 조직과 자원이 해당한다. 보전조직은 크게는 기능 중심 조직과 제품 중심 조직으로 분류되는데 최근에는 이슈 사항은 아니나 보전조직 전체의 아웃소싱에 대한 관심이 크게 대두된 적이 있었다. 중·장기적인 보전전략을 수립 시에는 자체 보전 인력을 중심으로 하는 사항을 전제로 하는 것이 일반적이며 보전 작업의 일부 활용 방안으로서 외주 수리에 의한 보전전략을 포함하는 것은 바람직하다. 자원의 대표적인 사항으로는 하드웨어적 자원(보전

자재가 대표적임)과 소프트웨어적 자원인 정보(raw data 등)이다. 이러한 기반 요소를 어떻게 효율적으로 활용하여 향후 바람직한 보전 업무의 모습을 만들어내느냐가 전략 작성 시 중요하게 고려하여야 할 사항이다. 다른 한 요소로는 보전 기술로서 여기에는 관리 기술과 고유기술적인 요소가 포함된다. 전략적 보전 관리 운용에서 가장 중요한 과제 중의 하나인 인적요소는 고유 기술에 해당하는 사항으로서 보전 과제를 효율적으로 수행하기 위한 인적 요건에 대한 규명은 보전조직이 어느 정도의 기술자격을 가지고 있는 인력을 몇 명 확보하여야 하는가 하는 것을 결정하는 것뿐만 아니라 어떠한 교육 및 훈련을 어느 정도 시키는가도 전략적 보전 관리에서 중요한 요소로 등장한다. 보전 요원에 대한 인력계획은 전략적 보전 관리를 위한 필수 과제의 하나로써 고려하여야 한다. 보전전략을 수립하는 것은 보전 효율성 측면뿐만이 아닌 제품의 신뢰도에도 관계되기 때문에 이에 관련되는 핵심 요소들의 기능이 최적의 아웃풋을 산출할 수 있도록 하여야 한다.

(2) 보전경영

보전경영이란 보전 업무가 기업 경영에 기여할 수 있도록 전략적이고 체계적으로 운영하도록 하는 경영관리 활동이라고 할 수 있다. 보전 활동이 경영관리의 수단으로서 운영되기 위해서는 지향하고자 하는 비전이 명확하여야 하며 이를 위한 로드맵(Road Map)이 설정되

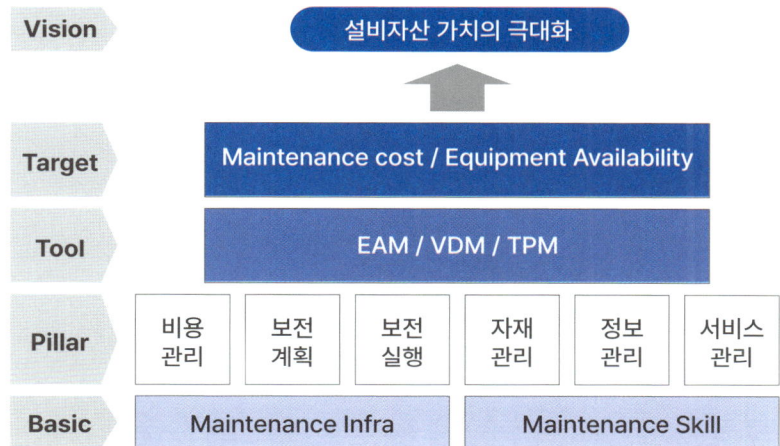

그림 2.8 보전경영 Road Map 사례

어 있어야 한다. 〈그림 2.8〉은 보전경영을 실행하기 위한 로드맵 사례로 설비자산 가치의 극대화를 비전으로 제시하고 있다. 설비라는 자산을 관리한다는 것은 경영활동 중에서도 중요한 사항이다. 설비 자산 관리는 경영과 제조 설비와의 최적화 관리라고도 할 수 있으며 단순한 보전의 기능을 넘어서서 성과, 비용 및 유용도 결정 요소와 기업의 궁극적인 목표인 수익성을 결정짓는 요소들에 대한 전략적 인 관리인 것이다.

보전 활동이 경영관리의 역할을 담당하기 위해서는 보전 업무를 통한 아웃풋이 명확하게 산출돼야 한다. 아무리 큰 노력을 했다고 하더라도 그 결과를 명확히 제시하지 못하면 성과를 인정받을 수 없기 때문이다. 이를 위해서는 보전 업무와 관련된 관리 지표를 설정하고 관리하는 것이 필요하다.

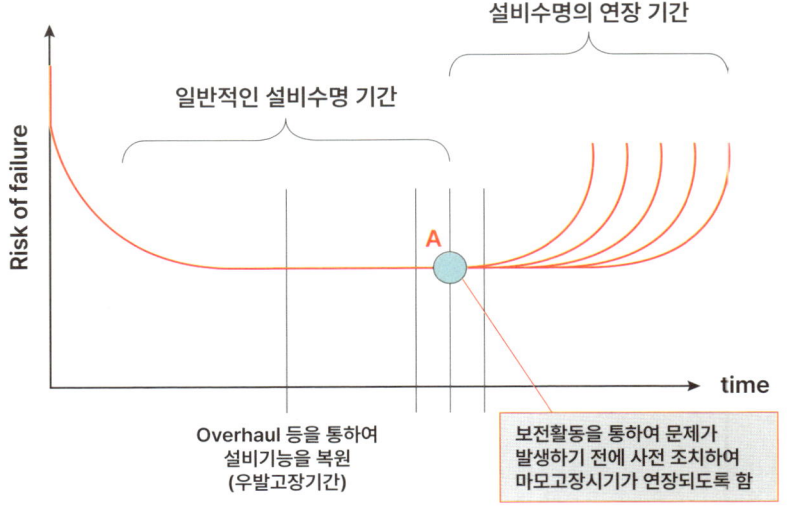

그림 2.9 보전 활동을 통한 설비자산의 수명연장

즉 보전지표에 대한 항목을 선정하고 지속적인 목표 관리를 실시하여야 한다. 보전지표는 현재 수행하고 있는 업무를 경영전략과의 연계성을 가질 수 있도록 하는 유용한 도구이다. 보전활동에 관련되는 관리지표를 통해 보전업무의 성과를 나타내게 된다.

보전 활동은 생산공정이 원활하게 가동될 수 있도록 설비의 신뢰성을 확보하기 위한 것이다. 설비가 신뢰성을 갖도록 하기 위해서는 보전 활동이 체계적으로 운영되어야 한다. 보전 업무가 경영관리에서의 일부 역할을 담당하기 위해서는 시스템화 및 표준화가 필요하다. ISO 18436에서는 기계의 상태 통합 감시 및 진단 업무에 대한 표준을 제시하고 있다. 최근 정부에서도 보전 업무의 중요성을 인식하여 설비보전기사, 설비보전기능사의 국가자격제도를 운영하고 있다. 2025년부터는 설비보전기능사에 기계정비기능사, 공유압 기능사 자격을 통합하여 시행하고 있다. 보전 활동은 설비라는 자산의 수명을 연장해 경영의 수익성에 기여하는 중요한 기능을 수행하는 것이다.

〈그림 2.9〉는 욕조곡선(Bath-tub)의 형태로서 설비의 보전활동을 잘 수행한다면 설비의 일반적인 수명을 연장하여 자산의 가치를 증대시킬 수 있는 것을 보여주고 있다.

보전경영은 보전 활동을 단순히 돌발적인 설비 기능상의 문제가 발생했을 때 조치하는 역할로만 인식하지 말고, 수익성을 창출하는 경영관리 측면에서 인식하는 것이 필요하다. 물론 경영자 관점에서 보면 생산, 안전, 환경, 보전, 기술, 인적자원 등 그 어느 하나 중요하지 않은 것이 없을 것이다. 보전경영 활동은 설비를 기업의 자산이라는 관점에서 보전 활동의 역할을 최적화할 수 있도록 하는 것인데 경영자의 적극적인 관심과 의지가 필요하다.

제 3 장

자주보전에 의한 스마트 TPM

 ← QR코드를 스캔하시면 동영상 강의를 볼 수 있습니다.

1. 자주보전의 역할

(1) 자주보전에 대한 새로운 이해

1) 스텝 활동

자주보전 활동은 기본적으로 스텝 방식으로 추진되어 진다. 즉 단계적 과정을 통해서 설비에 강한 오퍼레이터가 되기 위한 사항을 몸에 익혀나가는 것이라고 할 수 있다. 먼저 오퍼레이터로서의 기본적으로 해야 할 사항을 배우게 되는데 이제까지 운전 부문의 담당자로서의 업무에 기본조건의 정비가 왜 필요한가 하는 사항 등을 스텝 활동을 진행해 나가면서 하나씩 이해하고 실행할 수 있는 능력을 키워 나가는 것이다. 자주보전 스텝 활동은 전체 7스텝으로 구성되어 있다. 처음에 실시해야 할 1스텝인 설비청소점검 활동에서는 청소라는 수단을 통하여 불합리한 사항 등을 찾아내어 조치하는 단계이다. 이러한 과정을 통하여 '청소는 점검'이라는 인식을 가지게 된다. 다음 단계인 2스텝에서는 설비 및 공정을 오염시키는 발생원과 근무자의 기본적인 행동을 불편하게 하는 부분에 대해 개선을 한다. 현장의 환경적인 변화가 가장 많이 느껴지는 단계이다. 기준서 작성 단계인 3스텝은 청소·점검·급유 등 일상보전을 할 수 있도록 하는 행동 기준을 작성한다. 이러한 3스텝까지의 과정을 통하여 오퍼레이터는 설비에 대한 자주보전의 필요성을 몸으로 체득하게 되는 것이다. 4스텝부터는 설비·공정(프로세스라고도 표현함)·품질 측면에서의 지식을 한 층 레벨업 함으로써 지속적으로 유지관리가 가능한 현장 및 설비 상태의 관리가 가능한 오퍼레이터로서 성장해 나갈 수 있도록 하는 단계이다. 4스텝인 설비 총 점검 활동은 설비 보전의 전문가가 되기 위한 트레이닝 과정으로 설비의 구조 및 기능 원리 등을 하나하나씩 배워나가게 된다. 5스텝부터는 활동의 방향이 설비 중심적인 활동에서 공정관리에 관련된 부분으로 전환되게 된다. 따라서 5스텝 이후에는 장치산업 부문과 가공산업 부문에서의 활동의 내용도 구분되게 되며 공정별 특성에 따른 활동을 실시한다. 6스텝에서는 5스텝 활동까지의 설비(공정)를 중심으로 한 기본조건 정비와 일상점검에 중점을 둔 활동을 통하여 오퍼레이터의 역할을 담당 설비(공정)의 전체적인 관련 작업까지 넓혀 철저한 로스 절감을 추진한다.

　자주보전 활동은 오퍼레이터를 설비의 기본적인 보전을 담당하게 하는 실무자로 양성하는 교육과정이라고 볼 수 있다.

　자주보전 활동을 더욱 효율적으로 추진하기 위해서는 공정 특성과 작업 형태를 고려한 스텝 활동이 필요하다. 예를 들면 장치산업의 형태는 프로세스 중심으로 구성되어 있어 단순히 설비적인 측면만으로 접근하기에는 맞지 않는 부분이 많이 발생한다. 따라서 장치산업 부문의 기업 현장에서 자주보전 활동을 효율적으로 추진하기 위해서 설비와 프로세스 간의 적정한 연관성을 감안하여 추진 스텝을 설정하도록 하여야 한다. 일반적인 자주보전 활동 1스텝 추진에서는 설비 본체를 중심으로 먼지, 더러움을 청소하는 것으로 되어 있으나 장치산업 부문 현장의 설비는 설치 Area가 광범위하고 공정상의 기능과 연계되어 있으므로 기존의 청소 방법이 아닌 설비 및 공정상의 기능 부분을 중심으로 청소하는 기능적 청소가 효율적인 추진 방법이 될 수 있다. 또한 장치산업 부문은 개별적 설비보다는 프로세스의 기능이 보다 중요하기 때문에 총점검 실시도 설비와 프로세스로 스텝을 구분하여 실시하는 방법으로 하여야 한다. 또한 단순 조립형 작업의 현장에서는 자주보전 활동을 장치산업과 가공·조립산업 부문과는 다른 관점에서 접근하여야 하는데 이는 TPM 활동이 기본적으로 설비를 중심으로 활동이 되기 때문이다. 그러나 기업 현장에서는 장치산업 부문이나 가공산업 부문의 기업 현장에서도 기업에서 생산하는 제품 종류에 따라 단순 조립형 작업도 필요하게 되는데 이런 작업 현장에서는 기존 설비 중심의 자주보전 스텝 활동을 적용하기가 곤란하게 된다. 따라서 이런 경우에는 수작업의 기능성을 감안한 자주보전 스텝 활동이 필요하다. 이렇듯 산업의 형태에 따라 스텝의 추진 사항을 일부와 다르게 적용하여 추진하는 것이 바

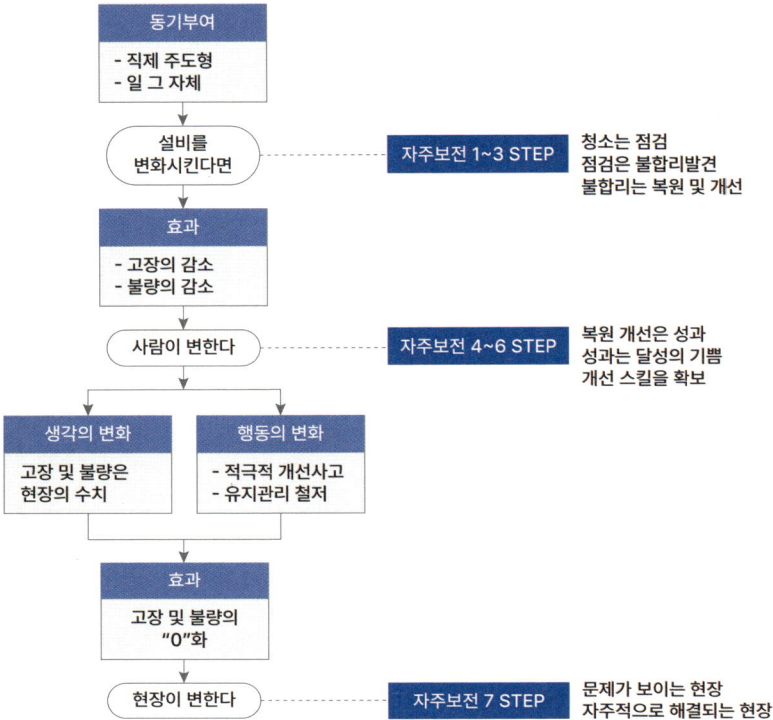

그림 3.1 자주보전 스텝 전개의 기본 사고

람직하다. 산업 부문에 따라 부분적으로 다른 추진 내용도 있을 수 있으나 자주보전 스텝 활동의 기본적인 추진 방향을 거의 유사하므로 각 스텝 활동의 목적을 명확히 이해하고 있다면 각 기업에서 자주보전 스텝을 추진할 때 자신의 설비와 공정 특성에 맞게 조정해서 운영하면 가능할 것으로 생각된다.

〈그림 3.1〉은 자주보전 스텝 전개의 기본 사고 내용이다. 〈그림 3.1〉의 자주보전 스텝은 일반적인 전개 스텝으로 설비에 강한 오퍼레이터를 양성하기 위한 수단이라는 점을 명확히 하여야 한다. 설비에 강한 오퍼레이터는 3가지 단계를 거쳐 양성되는데 첫 번째는 현

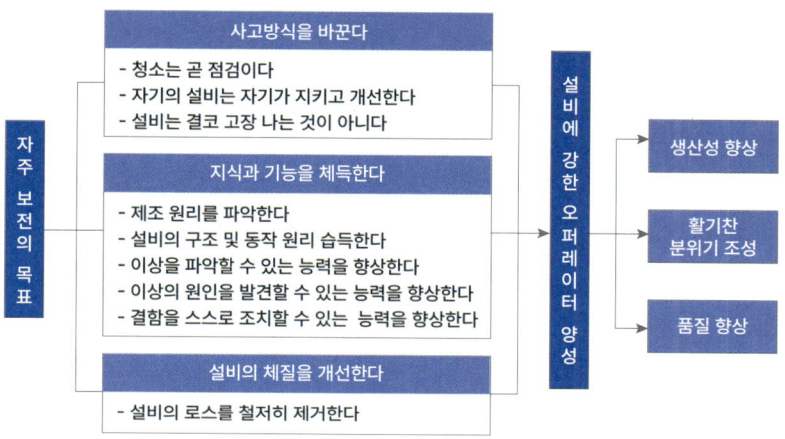

그림 3.2 자주보전 활동의 전개 목표

재 운전하고 있는 설비가 내 설비라는 인식을 가지는 것이다. 지금까지의 사고방식을 바꾸는 것이 쉽지만은 않겠지만 오퍼레이터가 기본조건의 준수와 일상점검을 업무화하기 위해서는 필수적인 사항이다. 두 번째는 설비를 구성하고 있는 주요 부품의 명칭과 기능, 구조 원리를 습득하는 것이다. 설비의 강제 열화를 방지하기 이해서는 주요 부품의 역할, 기능을 정확히 알고 있어야 하기 때문이다. 세 번째는 설비의 로스 발생 현상을 파악하고 문제 발생 전에 개선하는 것이 생산성 향상과 품질 향상에 기여할 수 있다. 〈그림 3.2〉는 자주보전의 목표가 설비에 강한 오퍼레이터의 양성을 통해 기업에서 요구하는 성과를 창출하는 메커니즘(mechanism)을 나타내고 있다.

TPM의 역할을 재정립하기 위한 사항 중 하나는 자주보전 활동의 효율화를 위한 방안 검토로서 기존의 7스텝 추진의 틀에서 벗어나는 것이 필요하다. 그렇다고 자주보전의 기본적인 사상을 배제하자

그림 3.3 자주보전 스텝의 사이클화 개념

는 것은 아니며 인적 구성 및 생산 방식의 변화에 따른 효율적인 스텝 전개를 적용하여야 한다는 의미이다. 자주보전 활동의 변화 방안으로 스텝 추진을 사이클화하여 짧은 시간에 같은 사항을 계속 반복하여 습득하게 함으로써 자연스럽게 습관화하도록 하는 방법을 적용하는 것도 필요하다. 자주보전 활동의 목적은 1스텝부터 7스텝까지 하는 것이 아니라 스텝 활동을 수단으로 설비에 강한 오퍼레이터를 양성하고 기본조건의 준수와 일상점검을 업무화하는 것이기 때문이다. 〈그림 3.3〉은 자주보전의 기존 7스텝을 사이클화 추진하는 개념이다.

앞으로의 자주보전 활동은 설비에서 프로세스 중심으로의 변화가 필요한데 이는 제조 공정 특성 및 제품 품질 측면에서의 활동이 보다 경영 성과를 창출하는데 기여도가 크기 때문이다. 예를 들면 식품 기업에서는 자주보전 활동을 식품 안전 확보 차원에서 선행 프로그램의 역할이 중요하다는 것이다. 그러나 이것은 어디까지나 현장 설비의 기본적인 조건 관리가 지켜지고 있다는 전제이며 이러한 필요성을 오퍼레이터 전원이 다 같이 공유하여야 활동의 성과를 기대할 수가 있다.

2) 자주보전의 역할

2-1) 기본조건의 관리

설비 보전 가운데에서도 '보전의 기본인 열화를 방지하는 활동'은 운전 부문이 하는 자주 보전에서 해야 한다는 사실은 이미 언급했으며 열화를 방지하는 활동 또한 기본조건의 정비가 가장 중요한 항목으로 위치 설정되어 있다.

기본조건이란 설비 고장 대부분이 설비 부위의 열화로 발생한다는 것으로 열화는 설비의 수명에서 오는 자연 열화와 인위적으로 나쁜 환경에서 오는 강제 열화로 이루어져 있는데, 특히 인위적인 나쁜 환경(녹·더러움·기름 누설·먼지·절삭분 등)에 의해 강제 열화가 가속되어 설비 고장으로 이어진다. 따라서 이 인위적인 나쁜 환경을 어떻게 단절시키는가가 설비 고장을 줄이는 요령이 된다. 즉 설비 보전을 위해 강제 열화를 배제하기 위한 청소·급유·더조이기를 확실하게 하고 유지 관리하는 것을 기본조건의 관리라고 한다. 먼지·더러움의 완전 배제와 잠재 결함의 표면화를 위한 청소와 부품의 마모 등을 감소시키기 위한 급유 , 볼트·너트의 풀림이나 탈락을 방지하고 오동작이나 파손을 방지하기 위한 더조이기를 하는 등의 인위적 강제 열화를 배제하는 것을 기본조건의 정비라고 한다. 〈그림 3.4〉는 자주보전 활동을 통한 기본조건의 관리가 실시되는 개념이다.

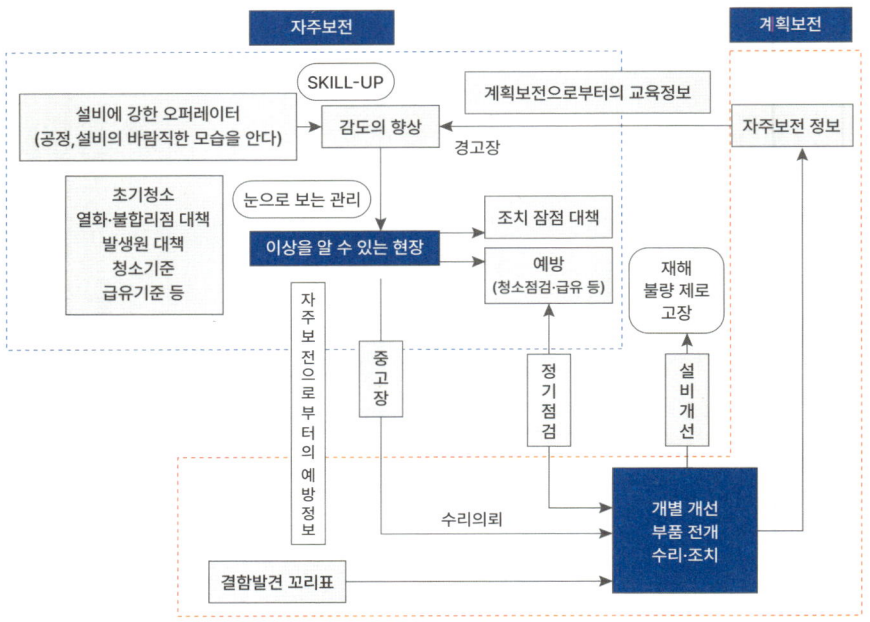

그림 3.4   자주보전을 통한 기본조건의 관리 개념

2-2) 운전과 보전의 역할

① 운전과 보전의 역할

보전 부문은 운전 부문의 의뢰를 받아서 '부탁받은 일만 해 준다'는 소극적이고 수동적 태도를 가져서는 안 된다, 물론 운전 부문으로서는 생산을 담당하고 있으므로 한시라도 빨리 수리를 요구하는 것이 당연하지만, 보전 부문으로서는 공사 요구가 쇄도하여 미처 처리할 수 없는 경우도 있을 것이다. 그러나 상호 간에 상대방의 입장을 충분히 이해하지 못하고 극단적으로 서로 반목하는 상태라면 보전의 목적은 달성할 수 없다.

한편, 운전 부문에서도 '나는 만드는 사람, 당신은 고치는 사람'이

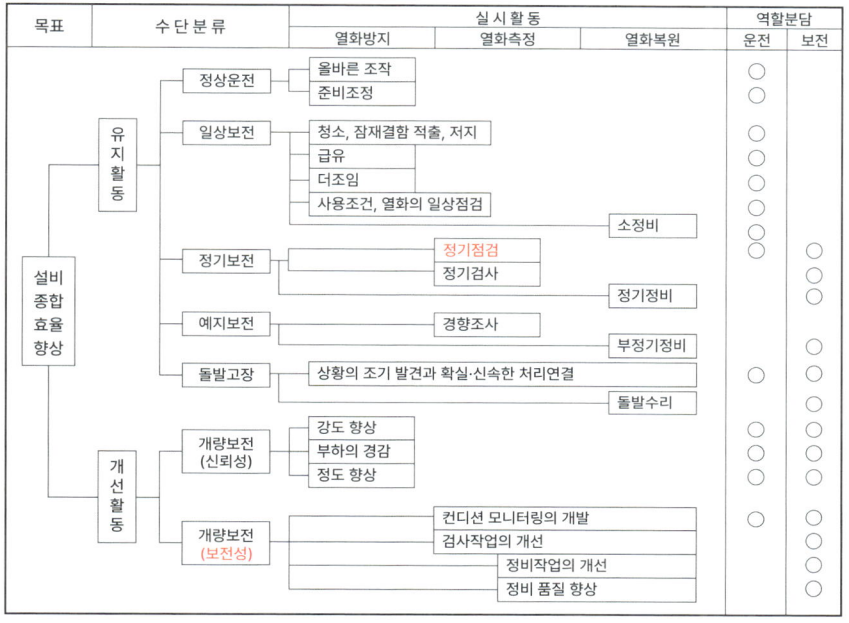

그림 3.5 운전과 보전의 역할 분담

라는 원칙적인 태도를 보이는데, 이래서는 보전 부문에서 아무리 노력해도 좋은 결과가 나올 수 없다. 운전과 보전 양쪽이 협조하지 않으면 생산이 불가능하다는 것은 말할 필요도 없을 것이다, 운전 부문으로서도 그 나름대로 보전 기능의 일부를 분담하여 양자가 서로 도와야만 비로소 보전의 기능을 다할 수 있고 목적도 달성할 수 있다. '운전과 보전은 수레의 두 바퀴'라는 이유가 이 때문이다. 그러므로 운전 부문이 담당해야 할 일은, 보전의 기본인 '열화'를 방지하는 활동이 되어야 한다. 운전 부문이 '열화를 방지하는 활동'을 담당해야 비로소 보전 부문이 담당하는 전문적 보전 수단이 그 참된 위력을 발휘하며 효율적 보전으로 발을 내디딜 수 있게 된다. 〈그림

3.5〉에는 운전과 보전의 역할 분담 사항을 예시하였다.

② 자주보전의 역할 분담

운전 부문은 '열화를 방지하는 활동'에 중점을 두고 다음과 같은 활동을 추진한다.

◆ 열화를 방지하는 활동
- 정확한 조작(휴먼 에러의 방지)
- 기본조건의 정비 (청소·급유·더 조이기)
- 조정(주로 운전이나 작업 준비상의 조정, 품질 불량의 방지)
- 이상의 예지 및 조기 발견(재해·고장의 방지)
- 보전 데이터의 기록(재발 방지·MP 설계로의 피드백)

◆ 열화를 측정하는 활동(주로 오감에 의한)
- 일상점검
- 정기점검의 일부

◆ 열화를 회복하는 활동
- 간단한 정비 (간단한 부품 교환, 이상 시의 응급조치)
- 고장, 기타 문제 상황의 신속하며 정확한 연락
- 돌발 수리의 지원

이 가운데서도 강제 열화를 방지하는 기본조건의 정비(청소·급유·더 조이기)와 일상점검은 가장 중요한 활동으로 보전 부문의 요원이 하기에는 범위가 너무 넓으며 손이 닿지 않는 영역이다. 설비 상황을 가장 잘 알고 있는 운전 담당자가 해야 효율적인 활동이 된다.

(2) 자주보전의 기능

　설비가 점차 자동화, 고도화되어 가면서 나타나는 현상은 설비를 안정화하기 위해서는 설비를 운전하는 오퍼레이터의 설비에 대한 지식 및 기본적 보전 기능의 역할을 요구하게 되었다. 왜냐하면 전문 보전 부문에서는 설비의 가동상태를 예지할 수 있는 능력이 점차 필요하게 되었기 때문에 설비 보전의 기본적인 부분까지 담당하기가 어려워졌기 때문이다.

　오퍼레이터에 의한 자주보전 활동을 하는 기업 현장은 일상 보전의 기능이 강화되기 때문에 고장 발생의 확률이 감소하는 효과가 나타나게 된다. 이러한 설비 안정의 변화는 자주보전 활동의 역할이 지속적이고 실질적으로 실행되는 것을 전제로 한다. 그러나 안타까운 것은 국내 기업 현장에서 자주보전을 통한 오퍼레이터의 일상 보전이 정착되어 운영되는 성공 사례를 찾기가 쉽지 않다는 점이다. 이것은 최근 설비의 점진적인 자동화로의 변화 추세 및 생산 현장 운영 상황의 적지 않은 변화에 의한 요인이기도 하지만 공정 특성에 적합한 오퍼레이터의 자주보전 역할과 책임을 명확하게 하지 못했기 때문이기도 하다. 물론 기본적인 일상 보전의 역할은 공통으로 수행하여야 하지만 생산 공정 및 설비 구조의 특성에 따른 담당 오퍼레이터 스킬의 역할 범위를 설정하는 것은 필요하다고 할 것이다. 〈표 3.1〉은 자주보전에서 오퍼레이터 스킬의 역할 범위를 생산공정의 특성에 따라 분류해 놓은 것이다.

구분		청소			조이기	점검			급유			수리		진단
		기본 청소	기능적 청소	분해 청소	조이기 (체결)	일상 점검 (오감)	분해 점검	정기 점검 (O/H)	그리 이스 윤활	윤활 (소형)	윤활 (대형)	간단한 부품 교체	소수리, 가공	진단 기기 활용
가공형 조정	조립 포함	O	O	O	O	O	O		O	O		O	O	
장치형 공정	Batch 타입	O	O	O	O	O	O		O	O		O		
	프로세스 타입	O	O	O		O			O			O		
완전 자동	운전 OP	O	O		O	O								
유틸 리티	보일러, Comp'	O	O	O	O	O	O	O	O	O	O	O		O
	환경, 정수	O	O	O	O	O	O	O	O	O		O		

표 3.1 자주보전에서 오퍼레이터 스킬의 역할 범위

TPM 활동에서의 자주보전의 비중은 매우 크다. 자주보전 활동이 배제된 TPM은 TPM이 아니라고 할 수도 있다. 따라서 TPM 혁신이 성공하기 위해서는 자주보전이 실질적인 역할을 하여야만 한다. 그렇다고 자주보전을 통한 오퍼레이터의 역할에 대해 너무 과도한 기대는 금물이다. '자주보전 활동을 오랜 기간 실시하고 있는데 고장이 발생한다', '오퍼레이터의 수리 활동 참여도가 낮다'라고 하는 것은 오퍼레이터에 의한 자주보전 활동의 본질을 잘못 인식하고 있기 때문이다. 오퍼레이터가 자주보전을 통한 일상 보전 활동 즉 설비의 강제 열화가 발생하지 않도록 하기 위한 기본조건(기능적 청소, 일상 점검, 기본적인 급유 관리)에 대한 사항만이라도 실질적이고 지속적으로 실행을 하게 되면 설비의 신뢰성을 유지하는데 큰 기여를 한다는 것은 많은 사례를 통해서 증명되고 있다. '과유불급(過猶不及)'이라는 말

이 있듯이 자주보전을 통한 오퍼레이터에 대한 너무 과도한 기대는 오히려 일상 보전의 역할을 제대로 수행할 수 없도록 하는 역효과가 나올 수도 있다는 것을 유의해야 한다.

2. 자주보전

(1) 일상보전
1) 청소의 진화

　설비의 청소란 설비·금형·지그 공구 등에 부착된 더러움·오염·먼지·기름·절삭분·슬러지 등 이물을 깨끗이 제거하는 것이며, 더욱이 설비의 구석구석까지 철저히 청소하는 것이다. 청소를 통해 설비의 잠재 결함이 현재화된다. '청소는 점검'이라는 것도 이 때문이다. 청소를 단순히 보기에 깨끗하게 하는 것이라고만 생각해서는 안 된다.

　설비 청소를 한다는 것이 간단해 보이지만 그리 쉽지만은 않은 것은 경험해 본 사람은 이해할 수 있을 것이다. 특히 TPM에서의 청소는 현장·설비·공정 상의 불합리한 문제점을 찾아내는 것도 중요한 역할이기 때문에 청소 수행 방법에 대해 사전에 충분한 숙지를 하고 임하는 것이 필요하다. 다음에 그 청소의 요점에 대해 제시한다.

- 안전 등을 사전에 확인한다.
- 오퍼레이터 스스로 '내 업무는 청소'라고 생각하고 자기 손으로 직접 청소를 한다.

- 오래 묵은 때를 철저히 닦아 낸다.
- 이제까지 살펴본 적이 없는 커버와 뚜껑을 열고 설비 구석구석까지 철저히 청소한다.
- 분해할 필요가 있는 것은 분해하여 청소한다.
- 본체뿐 아니라 반송 설비와 전장(電裝)박스, 작동유 탱크속 등 부속 설비를 포함하여 모두 청결히 한다.
- 청소해도 곧 더러워진다고 체념하지 말고, 청소 후에 언제, 어느 부위부터, 어느 정도 더러워지는가 등을 확인한다.

　청소의 역할은 매우 중요하다. 예를 들면 급유 활동을 위해서는 오일 주입구의 상태가 청결하게 관리되어 있어야 최적의 윤활 관리가 가능하다. 급유구가 오염이 되어있으면 오일의 열화를 촉진할 수 있기 때문에 오일을 보충 또는 신유를 공급할 때는 먼저 청소 시행을 통해 오염이 되지 않도록 유의하여야 한다. 현장을 다니다 보면 그리스 닛플(nipple)이나 유압작동유 주입구 등이 오염된 상태로 방치된 경우를 보게 되는데 이는 바람직한 설비보전의 모습이라고 할 수 없다. 또한 볼트 등 체결 부위가 정상 상태인지를 점검하기 위해서는 청소의 선행이 필요하다. 오염되어 있는 상태에서는 불합리한 부분을 찾아내기가 쉽지 않기 때문이다. 그래서 자주보전 활동에서는 '청소는 점검'이라는 점을 강조하고 있다. 즉 청소는 점검을 위한 수단으로 활용되고 있다.

　자주보전 활동에서는 설비 및 공정을 대상으로 하는 청소로서 5S

의 청소와는 차이가 있다. 5S에서의 청소는 주변을 깨끗이 하는 것이 주요 목적이다. 외관상 청결하게 보이도록 더러운 부분을 제거하는 것이 청소라고 할 수 있다. 5S가 잘 되어 있는 현장을 보면 정리, 정돈의 모습뿐만이 아니라 청소 상태도 잘 유지 관리되어 있음을 느낄 수 있다. 반면에 자주보전에서의 청소는 단순히 깨끗한 상태로서의 청소만을 요구하는 것은 아니다. 이것은 깨끗한 것이 필요하지 않다는 것은 아니며 청소를 통해 문제가 발생할 가능성이 있는 불합리 부분을 찾아내어 사전에 복원 또는 개선하도록 하는 것을 보다 중요한 청소의 역할로 보고 있다. 청소 대상도 기능적 부분에 대한 청결을 요구하고 있는데 이는 기능적 부위에 대한 오염은 설비 및 공정상의 트러블을 유발할 수가 있기 때문이다. 예를 들면 냉각필터의 오염은 냉각 기능을 저하시켜 공정상의 이상을 일으킬 수가 있으며 센서 부위에 먼지 등이 방치되어 있으면 설비상 고장의 요인이 되기 때문이다. 자주보전 활동에서는 이러한 청소를 기능적 청소라고 하고 있는데 철강 산업이나 시멘트 제조 공정의 현장 등 분진 등의 발생이 많은 곳에서는 특히 유효한 청소의 방법론이 될 수 있다. 다음은 기능적 청소의 시행 사례이다.

- Gauge 부류(예: 압력 게이지 등)의 청소 : 정상적인 압력 상태의 확인이 항상 확인될 수 있도록 게이지 표면을 항상 청결하게 유지해야 함
- Roll 베어링 그리스 주입구의 청소 : 그리스 주입 시 오염된 오

일이 윤활개소에 접촉되지 않도록 주입 전·후에 항상 청결 관리가 필요함
- 각종 근접 S/W 표면 청소 : 센서 작동 상의 오동작이 발생하지 않도록 수시로 센서 표면을 청소 및 확인 필요함

청소의 시행에는 공정 특성에 따른 청소 실행이 필요하다. 모든 산업에서의 공정은 제조 과정에 따라 작업환경에 많은 차이가 난다. 절삭물 가공이 많은 공정이나 연마 공정 같은 경우는 칩이나 분진이 많이 발생한다. 이러한 공정에서는 청소의 반복적인 실시 만으로서는 현장의 청결한 모습을 유지하기에는 한계가 있다. 분진 등의 발생원을 근본적으로 제거하지 않으면 반복적인 청소의 로드는 줄어들지 않는다. 철강 산업이나 타이어 제조공정 같은 금속 산업에서는 청소를 기능적인 관점에서 접근하는 것이 필요하다. 반면에 식품 산업이나 반도체 및 전자 산업 같은 공정에서의 청소는 청결이 가장 중요한 관점이다. 식품을 제조하는 공정에서는 위생적인 작업 조건이 요구되기 때문에 청소를 통한 청결 상태의 유지 관리 사항은 공정관리 중의 핵심이다. 특히 최근에는 식품으로 인한 안전사고가 증가하고 있어 유통과정뿐만이 아닌 제조 과정 중의 식품 오염이 발생하지 않도록 철저한 위생 관리를 요구하고 있다. 따라서 식품산업의 현장에서의 자주보전 활동의 전개 시에는 이러한 사항을 충분히 감안하여 스텝 활동을 운영하는 것이 바람직하다. 예를 들면 식품 안전상의 CCP(critical control point)에 대한 철저한 청소 등의 무오염을

위한 관리가 필요하다.

　이제는 청소 활동도 진화된 모습으로 실행하여야 한다. 자주보전을 청소만 하는 활동으로 인식해서는 안 된다. 청소를 단순히 청결의 수단으로만 볼 것이 아니라 설비 및 공정 관리상의 유효한 수단으로 활용할 줄 아는 지혜가 필요하다. '청소를 아무리 해도 끝이 없는데 왜 청소만 반복하라고 하느냐'라고 불평만 하고 있어서는 안 된다. 청소의 목적이 무엇인지를 명확히 인식하고 청소의 부하를 감소시킬 수 있는 개선을 병행하는 것이 현명한 방법이다. 언젠가 국내 한 기업의 현장 감독자가 '청소의 중요성을 10년이 지나니 깨달을 수 있었다'라는 말이 생각나는데 이 말이 청소의 진정한 본질을 의미하는 것이 아닐까 한다. 이제부터는 청소를 현장관리의 유효한 수단으로 활용하여 생활화하는 자세가 필요하다.

2) 설비 상태 기준서

　자주보전은 설비가 돌발적인 기능 이상으로 인한 트러블이 발생하는 것을 사전 예방하기 위한 활동을 포함하고 있다. 일반적으로 3스텝에서 청소·점검·급유 기준서 작성을 위한 설비의 기능 부위에 대한 청소·점검·급유 실시 항목을 설정한다. 청소·점검·급유 개소가 확정된 후에는 일상보전을 실시하기 위한 설비 상태 기준서를 작성하여야 한다. 기준서에는 주기적으로 청소·점검·급유를 실시해야 할 설비(장비)를 대상으로 청소·점검 사항에는 개소(부위), 기준, 방법, 이상 시 조치사항, 실시 주기 등이 있고 급유사항에는 개소(부위), 유조, 유량, 방법, 이상 시 조치사항, 실시주기 등이 포함된다. 기준서에는 실시항목·방법·기준·이상 시 조치사항·실시 주기 등이 포함된다.

이러한 설비 상태 기준서를 작성할 때 실무적으로 고려해야 할 사항은 다음과 같다.

- 청소·점검·급유 개소는 반드시 설비를 담당하는 오퍼레이터가 작성하여야 한다.
- 관리자 (현장관리자 포함)는 오퍼레이터에 의해 선정된 청소·점검·급유 개소를 앞으로의 준수 가능성과 기능상 누락된 부분이 없는지 철저하게 확인하여 보완하도록 하여야 한다.
- 설비 기능이나 품질상 중요한 역할을 하는 개소로 잊어버리면 안 되는 항목을 중점으로 선정한다.
- 실시 기준은 가능한 수치 등 정량적으로 설정하는 것이 바람직하다.
- 실시 방법은 실제로 행동하는 사항을 기재하도록 하고 현실성이 없거나 형식적인 사항은 배제한다.

오퍼레이터 스스로가 청소·점검·급유 개소에 대한 기준서를 작성하여 자기가 맡고 있는 설비에 대한 관심을 고조시키고 설비 구조 및 작동 원리에 대한 지식을 숙지하도록 하는데, 설비에 대한 기구도 등을 OPL 등으로 작성해 봄으로써 제품을 만들어내는 설비에 대한 이해를 넓혀나가도록 한다. 설비에 대한 기구도 등을 작성할 때는 부위별 명칭 및 기능(용도)을 나타내도록 하여 누구나 쉽게 알 수 있게 하는 것이 중요하다. 최근에는 간단한 숙지가 필요한 사항은 기존 OPL을 사용하지만, 작업 순서나 방법의 노하우 및 분해·조립 방법 등은 동영상 OPL을 활용하는데 가능한 3분 이내로 자체 제작 하여 필요한 실무자가 언제든지 도움을 받을 수 있도록 하고 있다.

기준서가 작성된 후에는 일상 점검표(일상점검 체크시트라고도 함)를 활용하게 되는데 기준서에서 정해진 실시 주기대로 실시 일정을 표기해 놓고 계획된 일정대로 실시하게 된다. 일상점검 체크시트를 활용할 때 유의하여야 할 사항은 이상 징후(이상 상태나 특이 사항 등을 의미함)를 발견하게 되면 무시하지 말고, 나타난 상항을 상세하게 코멘트하고 발생 상태를 모니터링한 후 적정한 대책을 실시하는 것이다. 현장을 실무 지도하다 보면 일상 업무의 부하가 많아서인지 (설비 상태의 점검에 대한 인식이 부족하기 때문이기도 한 것으로 판단됨) 설비 상태 파악 사항이 누락되어 있거나 형식적인 실시로 트러블이 발생하는 경우가 간혹 있는데 매우 안타까운 일이라고 할 수 있다.

설비의 기본조건 관리는 아무리 강조해도 지나침이 없을 것이다. 그중에서도 설비의 상태를 잘 파악하기 위한 사항은 설비의 관리 비용을 절감하기 위한 매우 유용한 수단이다. 설비 상태를 파악하기 위한 기준서 작성은 문제를 예방하는 기능이 포함되어야 한다. 문제가 발생한 후에 찾아내는 것은 예방보전의 목적에 맞지 않기 때문이다. 예를 들면 일정 기능을 갖고 설비에 장착된 스프링의 상태를 점검하는 경우가 있다고 하자. 이때 상태 점검 기준이 '절단이 되어 있지 않을 것'이라고 되어 있다면 바람직한 기준서라고 할 수 있을까? 절단이 되었다는 것은 벌써 문제가 발생한 이후이기 때문에 이런 경우에는 '스프링의 휨 상태가 없을 것'이거나 '스프링의 표면에 마모가 없을 것'이라고 하는 것이 좋을 것이다. 물론 스프링의 휨 상태가 마모 상태를 파악하기 위한 방법이 수반되어야 하는 것이 필요한데 이를 위한 상태 파악 방법의 개선이 요구되는 경우도 있다. 아직은 자주보전 활동을 실시하는 현장의 여건상 주로 오감(시각, 청각 등)을 활용하는 것이 대부분이나 설비 상태를 더욱 정확하게 파악하기 위한 측정기기나 진단기기 등을 활용하는 것이 앞으로의 당면한 과제가 아닐까 한다.

제조 부문만이 아닌 모든 관리 현장에서는 정해진 기준은 지키는 것을 당연하게 생각하여야 하며 그러기 위해서는 지킬 수 있는 기준서를 만드는 것도 중요하다. 너무 의욕만 앞선 나머지 지킬 수 없는 기준서를 지키도록 요구하면 안 된다. 그런데 최근에는 제조 현장에서는 담당해야 할 업무량이 점차 늘어나는 상황에서 기준을 추가로 정하고 준수하기를 요구하기보다는 실행 목적이 유사한 기준서의 통합이나 반드시 지켜야만 하는 시스템을 통해 시행하도록 하는 것이 실행 가능성 측면에서 바람직한데 이러한 사항도 스마트 TPM의 일환이라고 할 수 있다. 식품위생법 및 축산물 위생관리기준법에 따라 일정 기준을 충족하는 식품 및 축산물 관련 업체에서는 HACCP

인증시스템 획득을 의무화하고 있는데 제조 현장에서 인증시스템에서 요구하는 기능 조건을 유지하고 있어야 제품 판매가 가능하다. HACCP(Hazard Analysis Critical Control Point)시스템은 식품의 안전성을 확보하기 위해 위해요소를 사전에 분석하고 관리하는 과학적인 위생 관리 체계이다. 실제로 H사는 HACCP 인증 대상 기업으로 오퍼레이터에 의한 기준서를 공정 상태 모니터링용 관리기준서와 통합하여 운영하고 있다. 이렇게 함으로써 일상점검을 위해 필요한 마이머신 관련 기준서를 업무화에 포함하게 되어 설비의 신뢰성도 확보할 수 있게 되었다. 모든 산업 분야가 HACCP 대상 기업 현장에서처럼 자주보전 기준서를 의무적으로 업무로 전환하기 위해 통합화하기는 어려운 것이 현실이다. 따라서 산업 분야와 관계없이 대부분 기업에서 품질경영 시스템으로 운영하는 ISO 9001에서의 점검 기준서와 통합하여 현장의 부담을 감소시키는 것도 차선의 방법이라고 할 수 있다. 자동차 관련 산업 분야에서는 IATF 16949 시스템 인증과 연계하면 ISO 9001에서의 통합보다는 더욱더 업무화 가능성이 증대될 것이다.

설비의 신뢰성이 높아야 설비관리에 따르는 비용을 절감할 수 있다. 자주보전 활동을 통하여 현장 설비의 상태를 파악하기 위한 기준서의 활용을 보다 실질적이고 효율적으로 운용될 수 있도록 하는 것이 현장 분임조에서 지속적으로 노력하고 관심을 가져야 할 사항 중의 하나가 아닐까 한다.

(2) 다중망 점검시스템

생산 공정은 설비 외의 다른 요소에 의해 많은 변화가 일어나게 된다. 자주보전 활동 초기의 스텝 활동에서는 설비 기본조건의 관리에 대한 일상적인 기준 설정 및 점검 시행 등이 요구되었다. 각 설비에 대해서 청소·점검·급유 기준서(설비관리 기준서라고도 함)를 작성하여 담당 오퍼레이터를 중심으로 설비의 상태를 일상 점검하였다. 물론 이것은 스마트 TPM에서의 자주보전 활동에서도 그대로 지속 관리돼야만 한다. 왜냐하면 설비도 생산요소의 경쟁력에 관련되는 중요한 요소이기 때문이다. 그런데 이러한 중요성을 인식하고 있음에도 불구하고 아직 생산 현장에서 자주적인 일상 관리가 정착됐다고 하기에는 부족한 부분이 있음을 부인하기가 어려운데 담당자만의 일상 관리만으로는 문제 요인을 놓칠 수가 있기 때문이다. 따라서 생산 공정에 연관되는 모든 부문의 관련자가 참여하여 각자의 역할을 다하는 것이 중요하다. 이것을 다중망 관리라고 하는데 예를 들면 품질에 관련되는 관리 항목은 담당 오퍼레이터뿐만이 아니라 품질관리 부문의 담당자도 교차 확인(cross check)하는 것으로 다중망 관리에서는 실무자뿐만이 아닌 관리자(공정 책임자 포함)도 포함하는 것이 특징이다. 이러한 다중망 관리의 성과는 제품의 경쟁력이 강화되는 것으로 나타나게 된다. 또한 생산요소의 경쟁력을 강화하기 위해서는 설비 이외의 다른 요소(최근에는 안전/환경에 관련되는 요소도 포함하고 있음)들에 대한 일상적인 관리도 필요하다.

다중망 점검 기준서를 작성할 때는 공정 관리를 위한 모든 관리 요소가 포함되도록 하여야 한다. 현장에서 사용되는 모든 관리 항목 등을 일원화시켜 업무의 중복으로 인한 비효율적인 부분이 배제되도록 하는 것이 중요하다. 현장에서 생산 업무를 담당하는 사람은 오퍼레이터지만 생산 공정 관리에 필요한 여러 가지 부문을 관리·조정하고 있는 사람은 여러 분야에 걸쳐 관련되어 있다. 작업조건 측면에서 또는 품질관리 측면에서는 물론 안전관리, 설비관리 측면에서 관련되며 식품기업인 경우는 최근에 제품에 이물질 혼입 등으로 문제가 되어 식품 안전 측면에 관련되는 사항을 더 강화하고 있는데 다중망 관리에서는 많게는 5개 부문 이상의 사항을 별도로 확인 체크하여야 한다(유틸리티 현장에서는 환경 및 안전 법적인 관련 사항도 확인해야 함). 따라서 이제는 다중망 점검 기준서의 활용을 통하여 생산 현장 공정에서 오퍼레이터가 확인 실행하여야 할 사항을 일원화할 필요가 있다.

자주보전 활동은 TPM 이외의 혁신 활동에서는 찾아볼 수 없는 것으로 특징적인 활동이다. 스마트 자주보전 시대에서는 오퍼레이터는 설비적인 관점에서뿐만이 아니라 공정 관리 더 나아가서는 품질, 안전(식품 안전 포함), 환경, 작업관리 부문에까지 종합적이고 일원화된 일상 관리를 담당할 수 있어야 한다. 이를 바탕으로 연관 부문의 관련자, 관리자까지 포함한 다중망 관리 체계를 구축함으로써 생산요소의 경쟁력과 제품의 경쟁력을 더 강화해 나가야 할 것이다.

3. 자주 관리 시스템

(1) 점검의 역할과 책임

점검이란 오감을 활용하는 일상점검뿐만이 아니라 자주보전 활동 역할로서의 업무 사항을 말한다. 즉 일상점검 외에도 마모도 등을 점검하기 위한 분해 점검, 급유 시행의 역할 조정, 이상 발생 시의 수리 여부 등도 포함된다. 이러한 사항은 자주보전 활동을 하는 오퍼레이터와 계획보전을 추진하게 되는 전문 보전 부문의 요원과의 업무의 구분을 설정하는 것이다. 이러한 업무분장은 자주보전 활동의 6스텝 이후에 실시하게 된다. 5스텝에서는 프로세스 총점검 활동을 진행하게 되는데 3스텝에서 작성한 청소·점검·급유 기준서를 개정하여 본 기준서화하게 된다. 이를 위해서는 소·장·단 활동이 필요하게 된다. 소·장·단(少·長·短) 활동이란 점검 항목을 가능한 한 적게 하고 점검 주기를 가능한 한 길게 하고 점검 시간을 짧게 하여 점검의 효율화를 기하고자 하는 활동이다. 이런 소·장·단 활동을 통하여 실무에서 실질적으로 활용할 수 있는 기준서가 만들어지게 되면 이를 기본으로 하여 자주보전의 시스템화를 정립하기 위한 6스텝에서 계획보전 부문과의 협의를 통하여 점검에 대한 업무 역할을 정하게 되는 것이다. 자주보전 부문과 계획보전 부문과의 점검 역할(R&R: Role & Responsibility) 구분은 책임이 수반돼야 한다. 오퍼레이터가 점검의 역할 설정에 의한 업무를 잘 수행하기 위해서는 지속적인 보전

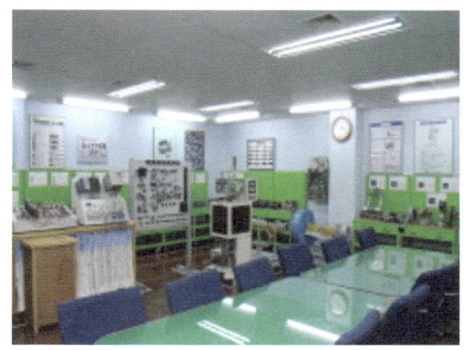

그림 3.6 자주보전 기능 실습장 모습 및 simulation kit

기능 교육이 실시되어야 한다. 기능을 모르고서는 점검 및 수리 업무 등을 담당하기가 어렵기 때문이다. 〈그림 3.6〉은 자주보전 기능 실습장 모습과 실질적 교육을 위한 simulation kit 모습이다.

자주보전 활동 초기에는 일상점검 업무가 자주보전 부문과 계획보전 부문과의 교차 체크(cross check)를 인정했으나 오퍼레이터의 자주보전 스킬이 향상된 이후에는 점검 업무의 효율성을 기할 필요가 있게 된 것이다. 이를 통하여 보전 비용의 감소도 기대할 수가 있게 되는 것이다. 〈표 3.2〉에 점검의 R & R 설정 사례를 제시하였으나 〈표 3.2〉에서 제시한 일상점검 이외의 업무에서도 자주보전과 계획보전 부문과의 업무 역할을 명확하게 설정하여야 할 것이다.

〈표 3.2〉에서 점검 업무의 역할 사례를 제시하긴 하였으나 실질적으로 자주보전을 추진하는 기업 현장에서 이러한 점검의 역할을 구분하여 적용하는 것은 오퍼레이터의 추진 마인드와 자주보전 스

구분	보전업무	항목	점검 R&R		비고
			자주보전	전문보전	
일상 점검	소음/진동 상태	설비 이상음 체크	O		
		이상 발생 시 수리조치		O	
	누설상태 (오일/액 등)	누설부위 체크	O		
		누설 시 수리조치	O		조치방법 사전교육필요
	체결부 상태	체결부 이상 유무	O		
	온도/압력	적정범위 사항 확인	O		
		기준값 이상 시 조치		O	

표 3.2 점검의 R&R 설정 사례

킬의 레벨 업 등의 여건이 조성되지 않으면 실행하기가 쉽지가 않다. 자주보전을 오랜 기간 추진한 현장에서도 일상점검조차 제대로 수행하지 못하고 있는 경우가 있다. 자주보전 활동 초기에는 의욕적으로 청소·점검·급유 기준서에 의한 실행 사항을 수행하였으나 일상 업무의 과중 및 급격한 기업 환경 변화에 따른 변화 속에서 이러한 기본적인 사항이 지켜지지 못하게 되는 것이다. 자주보전은 생산 업무의 한 부분이 되어야 한다. 설비의 안정화가 유지되지 못하고는 생산성 향상을 기대하기가 어렵기 때문이다. 자주보전 활동은 TPM 활동에서 가장 기본이 되는 활동이다. 또한 자주보전 활동 중 가장 기본이 되는 것은 점검이므로 일상점검을 지속적으로 잘 실시하면서 자주보전 활동에서의 역할에 대한 업무 범위를 명확하게 설정하는 것이 더욱 효율적인 자주보전 활동을 만들어나가는 최

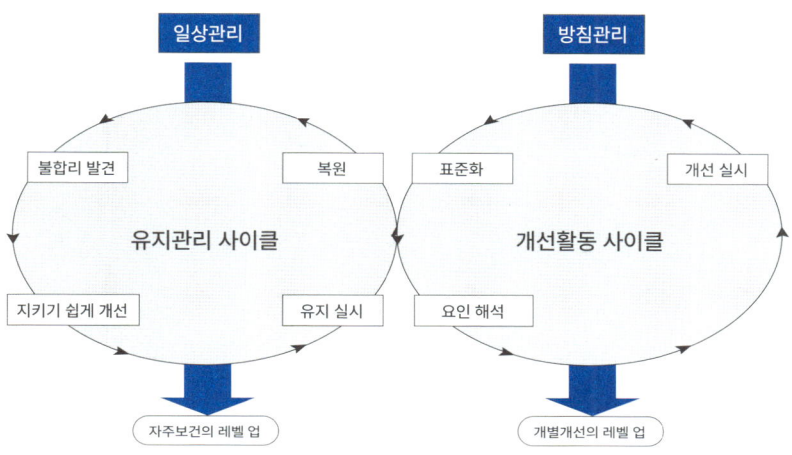

그림 3.7 자주 관리 시스템의 형태

적의 방법이라고 할 것이다.

(2) 자주 관리 체제 운영

자주 관리 체제에서는 일상관리(Daily management)와 방침관리(Policy management)의 실천이 필요하며 이러한 사항 들이 서로 유기적으로 이루어져야 한다. 방침관리는 개별 개선 테마의 추진을 활발하게 전개함으로써 정해진 목표를 달성하는 것을 의미하기도 한다. 자주 관리 시스템의 형태는 유지관리 사이클과 개선 활동 사이클로 구성되어 있으며 그 형태는 〈그림 3.7〉과 같다.

자주 관리 체제의 운영은 기본관리의 유지활동과 이를 바탕으로 하는 개선활동으로 구성되어 있다. 자주보전의 스텝이 형식적인 활동이 되어서는 결코 안 된다. 스텝 활동의 명확한 목적을 가지고 단계적인 활동을 통하여 내실을 키워나가는 것이 중요하다. 자주 관리

시스템의 구축을 통해 공정이 안정화되면 품질도 향상되고 기업의 경쟁력도 더 강하게 되어 현장의 핵심 가치를 높이는 데 큰 역할을 할 것이다.

제 4 장

스마트 TPM을 위한 현장개선

 ← QR코드를 스캔하시면 동영상 강의를 볼 수 있습니다.

1. 설비효율화를 위한 개선

(1) 설비 효율화
1) 효율의 구조

　설비 효율화는 설비의 가동상태를 양적인 측면과 질적인 관점에서 파악하여 부가가치를 만들어내는 양과 질을 어떻게 높이느냐 하는 것으로 양적인 측면에서의 효율은 설비 가동시간의 증대와 단위 가동시간 내의 생산량을 증가하는 2가지 관점에서 접근하며 질적인 관점에서 효율은 불량품의 감소와 품질의 안정성 및 향상을 지향하고 있다. 설비 가동시간의 증대를 나타내는 설비효율은 설비의 고장시간과 작업준비·조정시간을 최대한 감소시켜 가동시간의 비율을 높이는 것으로 시간가동률(time availability)이라고 하며 설비가 정상적으로 가동하여야 할 시간(부하시간) 중에서 시간상으로 실제로 설비가 가동한 시간(가동시간)의 비율로 산출되는데 설비의 효율성을 평가하는 중요한 지표 중의 하나이다. 양적인 측면에서의 단위 가동시간 내의 생산량을 증가하는 비율을 나타내는 지표를 성능가동률

(performance efficiency)이라고 하는데 설비가 실제로 제품을 생산하는 데 사용하는 시간(실제 가동시간)을 설비가 가동된 시간으로 나눈 값이다. 성능가동률은 실질 가동률과 속도가동률로 구분된다. 실질가동률은 실질가동시간의 지속성을 나타내는 것으로 잠깐 정지에 의한 로스 시간이 반영된 지표이고 속도가동률은 설비 또는 공정의 실제 생산 속도가 이론적인 기준 속도에 얼마나 부합하는지를 나타내는 효율 지표로서 설비가 설계 시 설정된 속도를 그대로 유지하며 생산하고 있는지 아니면 속도가 느려지고 있는지를 파악할 수 있다. 설비효율의 양적인 측면에서의 가동률의 의미는 설비보전에서는 시간가동률과 성능가동률로 분류되어 활용되고 있으나 생산공정 관리 중에서는 여러 가지 의미로 해석하고 있으며 경제에서의 가동률은 생산설비가 얼마나 효율적으로 사용되고 있는지를 나타내는 지표로 사용되고 있기도 하다.

   질적인 관점에서의 효율은 양품률이라고 하는데 생산과정에서 공정 불량 수량이나 수정 수량 그리고 초기 수율 저하 수량 등을 제외한 합격품(양품)의 비율을 의미한다. 설비 효율화의 최종 목표는 설비의 고유 능력을 충분하게 발휘, 유지하는 것으로 사람과 설비의 상태를 극한 상태를 유지하도록 함으로써 생산성 향상은 물론 제조 비용을 절감하는 것이다.

2) 설비종합효율

 TPM의 대표적인 KPI로 현상의 설비가 시간적, 성능적, 가치적으로 어떤가를 종합하여 부가가치를 만들어 내는 시간에 얼마나 공헌하고 있는가를 측정하는 지표이다. 최근에는 생산 유형의 변화에 따른 적용 방법이 기업별로 다소 차이가 발생하고는 있으나 현재까지 TPM 활동의 성과를 나타내는 대표적인 중요한 척도로써 활용되고 있다. 설비종합효율은 설비 효율화를 저해하는 로스와 관계되는 것이 일반적인데 정지 로스의 크기를 시간 가동률로 성능 로스의 크기를 성능 가동률로 불량 로스의 크기를 양품률로 나타내며 이 3개를 곱한 값으로 산출된다. 이것은 배치(Batch) 생산이나 로트(Lot) 생산에서뿐만이 아니라 프로세스 생산 공정에서도 적용할 수 있다.

 설비종합효율의 산출을 통한 설비의 실질적인 효율을 관리하는 것은 필요하나 설비관리로서 만의 의미가 아닌 생산 시스템의 종합적인 효율을 추구하는 측면에서 본다면 현재 산출 관리상의 문제점에 대한 제고가 필요한 시점이 아닌가 한다.

 첫 번째 고려할 사항은 계획생산이 아닌 주문 생산 시의 산출 경우이다. 설비종합효율 산출의 기준 시간은 조업시간에서 계획 휴지 시간을 제외한 부하시간으로 오더의 변동에 따른 계획적인 정지 시간이 많을수록 설비종합효율의 산출 의미는 감소하는 것이며 요구 생산량에 대응한 라인의 종합효율 파악이 어려워지게 된다. 따라서 이런 경우에는 설비의 시간적인 가동률(稼動率)이 아닌 설비를 사용하여야 할 때 정상적으로 움직이게 하는 상태의 비율인 실질적 가동률 (可動率)을 사용하여 설비종합효율을 산출하는 것이 바람직하다. 더 나아가서 설비의 부하율이 50% 미만이면 산출 분석하는 데에 따른 효율성이 적으므로 설비종합효율의 산출을 지양하고 개별 로스에 대한 관리를 더 강화시킬 필요가 있다. 여기서 개별로스란 생산 공정뿐만이 아닌 모든 업무의 추진 과정에서 발생되는 여러 형태의 로스를 더욱 효율적으로 개선하기 위하여 각 발생 특성에 맞게 정형화한 로스를 의미한다. TPM 활동에서는 설비의 생산성을 향상하기 위하여 설비종합효율을 중요한 관리 지표로 하여 여기에 관련되는 로스의 구조를 분석하고 문제점으로 나타난 사항에 대한 개선 대책을 실시하여 많은 성과를 내어 온 것이 사실이다. 그러나 설비종합효율은 다품종소량생산 체제에서는 TPM 활동의 성과를 올바르게 나타내지 못하는 문제도 발생하고 있다. 이런 현황에서는 설비종합효율에 대한 종합적 로스 분석만으로는 한계가 있기 때문에 개별적인 로스에 대한 관리 체계도 필요하게 된 것이다.

두 번째 사항은 계획정지나 관리적인 로스를 나타낼 수가 없다는 것인데 이것은 설비종합효율의 산출 기준을 부하시간에서 조업시간으로 하면 관리가 가능하게 된다. 현재도 공정의 특성상 1일 24시간을 연속해서 운전하고 있는 플랜트 생산 공정인 경우는 플랜트 종합효율 또는 생산종합효율이라고 하여 산출하는 방식이 적용되고 있으므로 종합효율의 범위를 어떻게 설정하느냐를 명확히 하는 것이 필요하다. 참조로 설비종합효율을 O.E.E(Overall Equipment Effectiveness)라고 하는데 Global Efficiency는 조업시간을 기준으로 하고 Technical Efficiency는 부하시간을 기준으로 표현하기도 한다.

　세 번째는 설비의 이론(기준: 엄격하게 보면 다소 다르나 여기서는 같은 의미로 사용) Capa'에 관련된 것으로 신뢰성 있는 설비종합효율 산출을 위해서도 고려해야 할 사항이다. 간혹 TPM 활동의 성과지표로 발표되는 자료를 보면 설비종합효율이 100%를 넘어서는 경우를 발견하게 되는데 이것은 물론 최선을 다한 개선의 결과라고도 볼 수 있으나 좀 더 자세히 분석해 보면 설비의 기능 향상에 따른 정확한 진단을 하지 못한 결과이기도 하다. 설비(또는 Batch)에는 설계 시 정해진 기준 Capa'(또는 Cycle-Time)가 있는데 사용 중의 개선 및 개조에 따른 생산능력이 증대되게 되므로 이 부분을 감안하여 일정 기간이 지난 후에는 재선정할 필요가 있게 된다. 경우에 따라서는 오히려 열화에 따른 성능이 저하되는 경우도 있으나 이때에는 기존의 Capa'를 유지하기 위해 개선을 하면 된다.

　네 번째는 수익과의 연관성인데 설비종합효율은 향상되었으나 제조원가의 감소에 기여하지 못하는 경우는 산출의 의미가 축소되어지기 때문에 코스트와의 관련성을 명확히 할 필요가 있다. 이를 위해서는 설비종합효율에 관련되는 로스를 세분화시켜 각 로스들이 제조원가의 구조와 어떤 관계가 있는지를 알아보는 것이 필요하다.

현재의 혁신 활동이 기대한 만큼의 성과가 나타나고 있느냐를 파악하기 위해서 많은 관리 지표 등을 활용하게 되는데 앞에서 언급한 바와 같이 설비종합효율도 TPM 활동의 중요한 성과 지표이며 기업에 따라서는 KPI(Key Performance Indicator)의 하나로서 설정되어 관리되고 있다. 그러나 설비종합효율 자체가 목적이 되어서는 안 되며 이것은 설비종합효율 뿐만이 아닌 모든 지표를 산출 관리할 때 반드시 유의해야 할 사항이다. 설비종합효율이 아무리 기대 이상만큼 향상되었다고 하다라도 제조원가(또는 총원가) 저감에 기여되지 못한다면 의미가 적어지는 것이며 오히려 혁신 활동의 성과에 대한 잘못된 판단을 통한 손실이 발생하게 되는 것이다. 따라서 설비종합효율 산출 시는 효율 자체의 로스 구조도를 활용한 실적 분석도 필요하지만, 제조원가와의 연관성을 항상 고려하도록 해야 할 것이다. 최근에는 ERP, MES 등 정보화를 위한 데이터 분석 관리 시스템이 잘 구축되어 있기 때문에 기본 콘셉트만 명확히 설정한다면 큰 어려움은 없으리라 생각된다.

다섯 번째는 생산 공정의 Total 효율을 나타내는 지표로서의 역할이 부족하다는 것이다. 설비종합효율은 단순히 설비의 기능적 효율만을 나타내는 지표가 되어서는 사용상의 한계가 있으며 생산시스템 전체의 유효성을 종합적으로 평가하는 지표로서의 역할을 해야 할 것이다. 이를 위해서는 생산 공정상의 사람의 효율과 라인 편성 상의 효율, 설비의 실질적 가동 효율 등을 종합적으로 측정할 수 있는 산출 기준이 설정돼야 하는데 특히 수작업이 주체가 되는 조립 라인의 경우는 현안의 문제로 제기되고 있다. 설비의 효율화와 같은 개념에서 사람의 효율화도 생각해 볼 수 있다.

(2) 로스 개선

1) 로스(낭비)의 구조

로스(Loss)는 '축내거나 잃어버리거나 하여 손해를 보다'라는 뜻으로 손실, 잃음, 분실을 말한다. 설비에서의 로스 시간이란 설비는 가동하지만, 부가가치를 창출하지 못하는 시간이라고 할 수 있다. TPM 활동을 통한 추진 성과를 기대하기 위해서는 설비 또는 공정상에서 효율을 저해하는 로스를 철저히 배제하여야 한다.

제조 현장의 스마트공장은 설비가 중요한 역할을 한다. 설비의 신뢰도 확보는 전체 공정의 원활한 생산 정보를 정확하게 전달하기 위한 필수 요건이라고 할 수 있다. 설비의 최적화를 확보하기 위해서는 6대 로스를 철저히 제로화해야 하는데 이를 위해서는 6대 로스의 구조를 명확하게 파악하고 있어야 한다. 6대 로스는 시간, 성능, 품질 측면에서 구분되는데 이 모든 조건을 충족시킬 수 있는 예방 관리가 필요하다. 6대 로스는 고장 로스, 작업준비·조정 로스, 일시 정지 로스, 속도 저하 로스, 공정 불량 로스, 초기 수율 저하 로스를 말하며 〈그림 4.1〉에 설비 효율화를 저해하는 6대 로스의 구조가 제시되어 있다.

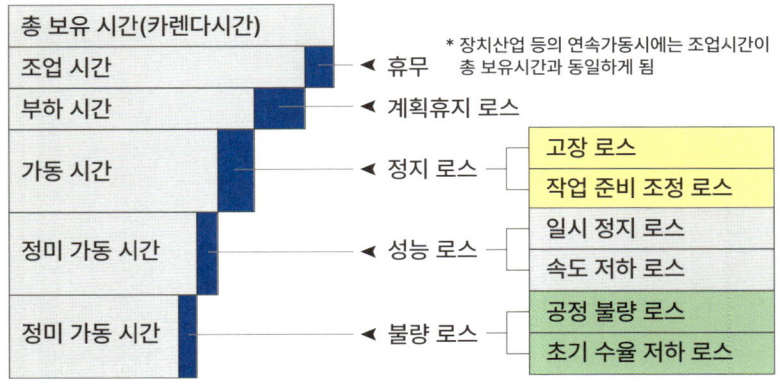

그림 4.1 설비 효율화를 저해하는 6대 로스

　고장 로스는 기능 정지형 로스를 의미하는 것으로 설비를 구성하는 부품의 기능 이상으로 인해 발생하게 된다. 따라서 예방보전을 통해 설비 상태를 철저하게 파악하여 사전에 대처하는 것이 요구된다. 작업준비·조정 로스는 다품종 소량 생산 체제로의 전환에 따른 불가피한 측면도 있으나 발상의 전환을 통한 획기적인 아이디어를 도출해야 한다. 일시 정지 로스와 속도 저하 로스는 성능에 관련되는 사항으로 설비 최적화를 저해하는 가장 큰 요소이다. 따라서 설비 가동 조건 등을 면밀히 관찰하여 미세한 변동 요인도 발생하지 않도록 하는 정밀도 관리가 필요하다. 불량 로스인 공정 불량 로스와 초기 수율 저하 로스는 가치 가동시간에 관련되는 사항으로 설비 측면과 아울러 공정관리 관점에서의 연계성 관리도 병행하여야 한다.

　로스는 생산 공정상에서 여러 가지의 형태로 나타나게 된다. 설비의 효율을 저해하는 로스 외에 설비의 조업도를 저하하는 로스, 공

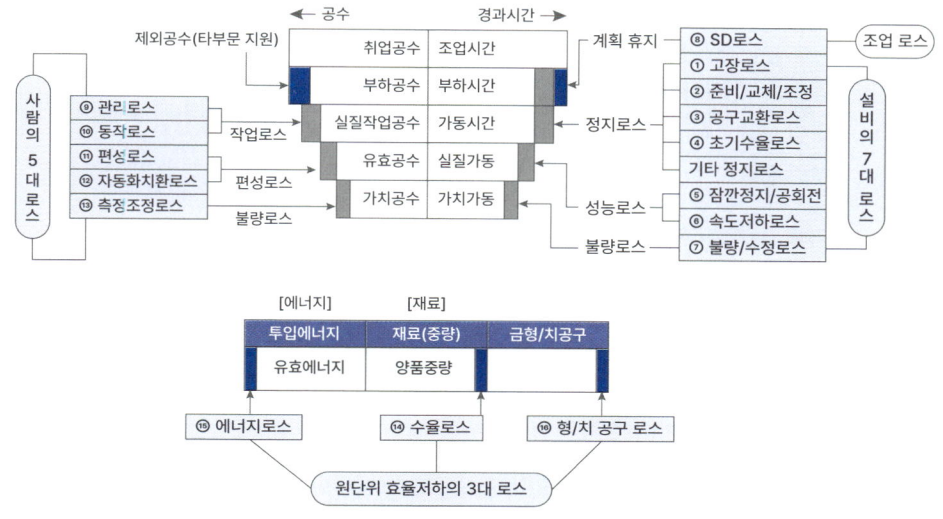

그림 4.2 생산공정의 16대 로스

수에 관련되는 로스 등이 있으며 원단위를 높이는 로스 등이 발생해 생산 효율을 저하하게 되는 것이다. TPM에서는 이러한 로스 들을 합하여 16대 로스로 구분하여 중점 개선 대상으로 관리하게 된다. 이 중에서 설비의 효율화와 관련되는 로스는 개선 테마를 통하여 해결하게 되는데 일반적으로 준비 교체(품종이나 규격이 변경될 때 교체) 시간의 단축이나 순간정지가 발생하지 않도록 하는 것이 개선 대상이다. 설비 효율화와 관련된 로스는 가공·조립 공정 부문과 장치산업 공정 부문에서의 로스 명칭이 다소 다르게 사용되고는 있으나 각 로스를 철저히 분석하여 배제해 나가는 것이 중요하다. 〈그림 4.2〉은 생산공정에서의 16대 로스 구조를 나타낸 것이다.

〈그림 4.2〉에서 설비의 7대 로스 중 공구 교환 로스가 준비·교체

조정 로스에 포함되면 〈그림 4.1〉의 설비 효율화를 저해하는 6대 로스의 개념이 된다. 사람의 5대 로스는 현실적으로 데이터의 측정이 제한되어 있으므로 수치화가 쉽지 않다. 이 부분은 사무 지원 부문의 효율화 활동을 통해서 업무 생산성을 향상하기 위한 제안을 포함한 개선과 구조적인 문제를 해결하고 있는데 스마트 팩토리 구축으로 업무의 시스템화가 추진되고 있고 몇 년 전부터는 RPA(로봇 프로세스 자동화)가 실무에 적용되고 있다.

원단위 효율 저하의 3대 로스는 원가 측면의 로스를 종합적으로 나타낸 것으로 TPM에서는 설비 효율화와 관련된 개선뿐만이 아닌 원가 저감 측면에서의 개선도 개별 개선 활동으로 포함하여 추진되고 있다.

생산공정의 최적화는 스마트 팩토리의 전제 조건이다. 공정의 최적화는 공정능력(process capability)이 극한적으로 충분한 상태를 말하는데 공정능력이란 공정이 안정 상태일 때 특정의 성과에 대해 합리적으로 달성할 수 있는 능력의 한계를 말한다. 공정이 안정화되기 위해서는 기본적으로 공정 효율화를 저해하는 7대 낭비가 발생하지 않도록 하는 공정관리가 선행되어야 한다. 과잉 생산의 낭비, 대기의 낭비, 운반의 낭비, 가공 그 자체의 낭비, 재고의 낭비, 동작의 낭비, 불량 수정의 낭비가 발생하고 있기 때문에 낭비 발생 구조와 근본 원인을 파악하고 각종 낭비를 제거하기 위한 끊임없는 개선 활동을 진행하여야 한다. 7대 낭비 중 대기의 낭비와 동작의 낭비는 사

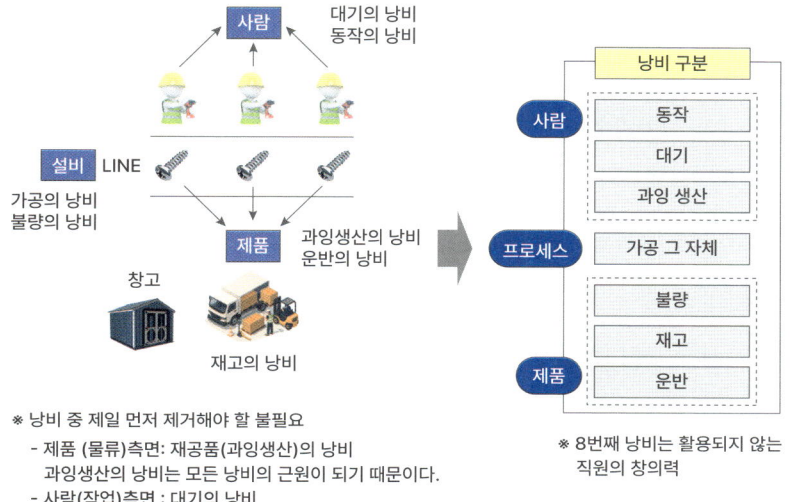

※ 낭비 중 제일 먼저 제거해야 할 불필요
- 제품 (물류)측면: 재공품(과잉생산)의 낭비
  과잉생산의 낭비는 모든 낭비의 근원이 되기 때문이다.
- 사람(작업)측면 : 대기의 낭비

※ 8번째 낭비는 활용되지 않는
직원의 창의력

그림 4.3 공정 효율화를 저해하는 7대 낭비

람에 관련되는 사항이며 가공 그 자체의 낭비와 불량의 낭비는 설비 상태의 영향과도 관계가 있다. 또한 과잉생산의 낭비와 운반의 낭비는 제품 측면에서 파악해야 한다. 〈그림 4.3〉은 공정 효율화를 저해하는 7대 낭비이다.

현장의 설비나 공정상의 로스는 눈에 보이는 로스가 대부분이다. 그러나 눈에 보이지 않는, 즉 숨어있는 로스들도 발생하게 되므로 로스를 철저히 배제하기 위해서는 잠재된 로스를 현재화하는 것이 중요하다. 예를 들면 설비 또는 공정상 트러블에 의한 고장 정지 로스는 현재화된 로스라고 볼 수 있는 반면에 속도 저하(실제 속도가 이론 속도에 미치지 못함) 로스는 눈으로 보아서는 잘 나타나지 않도록 잠재되어 있는 로스이다. 따라서 현장의 설비나 공정상의 로스를 배제해 생산 효율을 극대화하기 위해서는 체계적인 로스 분석을 실시하여 단계적으로 개선 활동을 실시해야 한다. 로스 분석을 위해서는 먼저 로스의 구조를 잘 파악해야 하며 로스의 형태를 살펴보고 발생 부위 및 발생 시간 등을 종합적으로 감안하여 분석하여야 하는데 이때 유의하여야 할 점은 발생하고 있는 로스 자체만을 생각해서는 안 되며 전체적인 종합 효율과의 관련성을 고려하여야 한다.

생산공정의 로스 산출은 엑셀에 의한 로스의 구조 파악이나 신속한 개선으로의 실행은 제한적이기 때문에 제조실행시스템인 MES를 활용하여 공정 효율화를 저해하는 로스량을 자동으로 산출하도록 하여야 한다. 이를 통해 설비 종합 효율이나 생산 종합 효율이 실시간으로 파악되어 설비나 공정 개선으로 연계할 수 있다.

2) 원가와 로스

원가 개선을 위해서는 제조 현장에서 발생하는 로스를 공정이나 설비, 작업상에서 어떠한 형태로 발생하고 있는지를 파악하여 배제하기 위한 개선활동을 적극적으로 실시하는 것이 필요하다.

원가 개선을 위해서는 먼저 원가의 구조를 명확히 이해할 필요가 있다. 원가(cost)란 어떤 목표를 성취하기 위하여 희생되었거나 희생될 재원의 총량을 화폐로 표시한 것으로 쉽게 설명하면 제품을 만드는데 드는 비용이라고 할 수 있다. 〈그림 4.4〉는 제조원가 요소의 체계도이다.

원가를 분류하는 방법은 2가지 관점이 있는데 하나는 생산요소의 종류에 의한 분류(형태별 분류)로서 재료비, 노무비, 경비로 나누는 것

그림 4.4 제조원가 요소의 체계도

이다. 다른 하나는 어느 제품을 위해 투입되었는지에 대한 인식 여부에 따라 직접비와 간접비로 나누는 것이다. 제조원가의 산출 시는 이러한 분류를 바탕으로 기본 분류를 하고 먼저 직접비를 구한 후에 제조 간접비를 적절한 배부기준에 따라 제품에 배부하여 구한다. 또한 제조원가에 영업활동에 필요한 판매비·관리비를 기간 비용으로서 더한 수치를 총원가라고 한다. 따라서 매출액에서 총원가를 빼게 되면 영업이익이 나오게 되는 것이다.

원가의 구성요소 중 재료비란 재료를 사용함으로써 발생하는 비용으로 크게는 직접재료비와 간접재료비로 구분하고 재료의 소비량에 소비 가격을 곱하여 산출한다. 소비 가격으로서는 재료의 구매가격 이외의 구매 수수료, 운반비 등이 가산되어 산출되나 현장에서

원가 개선에 의한 효과를 산출할 때 구매 단가를 활용하여 산출하는 것이 일반적이다. 노무비는 현업에 근무하고 있는 사람들에게 지급되는 급여로써 수당 등을 포함한다. 경비는 재료비와 노무비 이외에 발생하는 모든 원가 요소로서 제조 활동 중에 발생하는 것을 제조경비라고 하며 영업 및 일반 관리 활동에서 발생하는 경비와 구별하기도 한다. 경비에는 창고나 설비 임대료, 설비 수선비, 전력비, 가스 사용비, 보험료, 감가상각비, 외주가공비 등이 포함된다. 특정 제품과의 대응 관계가 분명한가에 따라 직접경비와 간접경비로 분류하기도 한다. 원가의 기본 구조 중 직접비와 간접비로 구분하는 것은 원가의 추적 용이성 때문이다. 직접비는 발생 비용을 직접 각 제품에 나눌 수 있는 반면에 간접비는 이것이 어렵기 때문에 사전에 배부 비율을 설정하여 적용하게 된다. 현장 분임조에서도 자신이 담당하는 공정에 직접비 외에도 간접비의 배부 비율에 따라 산정되는 원가가 있다는 것을 알 필요가 있다.

원가는 변동비와 고정비용으로 구분되어 있는데 고정비와 변동비는 제품 수량 등의 증감에 따라 비용의 발생이 변하느냐 변하지 않느냐에 따라 분류되어 진다. 고정비(固定費:fixed cost)는 생산이나 조업 활동의 양적 변화에 따라 변하지 않는 비용이다. 일반적으로 생산 주문 수주의 여부와 관계없이 일정량의 제품 생산 능력을 보유하기 위한 기업의 필요성 때문에 지불되는 비용이며 미래에 대처하기 위한 비용이다. 고정비는 제품 수량이 많건 적건 일정 기간에 일

코스트			설비상 6대 로스						공정상 7대 로스(낭비)					
목적		고장	준비교체	순간정지	속도저하	초기수율	불량	과잉생산	운반	재고	가공자체	대기	동작	불량
직접재료비						O	O	O			O			O
간접재료비	보조재료비			O		O	O	O			O			O
	소모공구비품비					O	O				O			O
직접 노무비		O	O	O	O	O	O	O	O	O	O	O	O	O
간접 노무비		O	O	O	O	O	O	O	O	O	O	O	O	O
직접 경비		O	O	O	O	O	O			O		O	O	
간접경비	소모 공구 비품비		O	O										
	수선비	O		O			O			O				O
	소모품비		O					O						
일반관리비								O	O	O		O		

표 4.1 제조원가와 로스의 관련도

정 비용이 발생한 것이기 때문에 제품 수량이 많으면 많을수록 제품 1개당 고정비는 적어지게 된다. 변동비(변동비:variable cost)는 생산량 또는 조업도에 따라 일정한 비율로 변하는 비용이다. 직접 재료비, 기계설비의 특정 부품 비용 등이 변동비에 해당한다. 현장에 잠재된 낭비 요소를 줄여 부품의 사용 수량을 줄이게 되면 이것은 변동비에 바로 영향을 주게 되어 재무적인 효과로 나타나게 된다. 이에 비하여 설비가동률을 향상시켜 시간당 생산성을 증대시키게 되며 제품당 고정비의 원가가 낮아지게 되어 제조 현장의 경쟁력을 강하게 하는 것이다. 원가의 구조 중 고정비의 비율이 개선되게 되면 손익분기점(BEP; break even point)이 낮아져서 적은 생산량으로도 이익을 낼 수 있게 된다. 여기서 손익분기점이란 생산량 또는 판매량에서

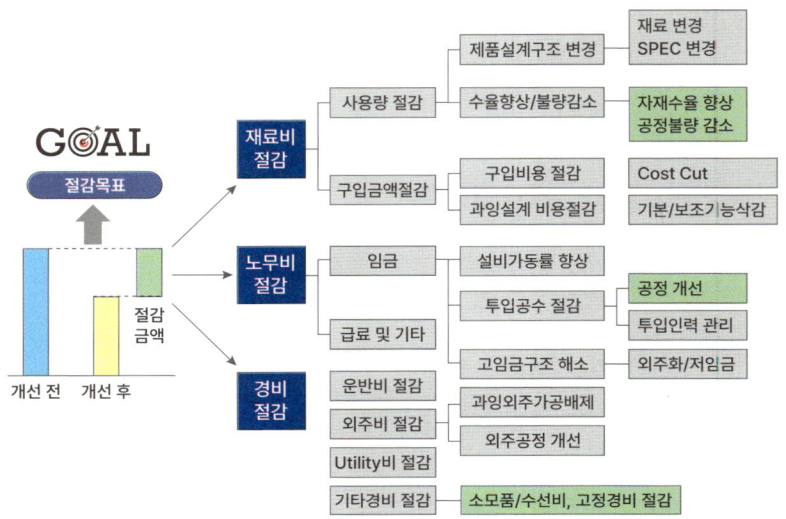

그림 4.5 원가 개선의 방향

뺀 비용의 선이 교차하는 점이다. 손익분기점보다 생산량 또는 판매량이 많으면 비용보다 수익이 크고, 작으면 반대가 된다. 즉 이 점이 손실과 이익의 갈림길이 된다. 최근과 같은 경기 불황의 시기에서는 생산 오더가 줄어들게 되기 때문에 변동비에 관련된 개선도 필요하지만, 고정비의 부담을 가능한 낮추는 것이 매우 중요하다. 〈표 4.1〉은 제조 코스트와 로스의 관련도로서 설비와 공정상의 로스가 제조원가의 구성 항목과 어떠한 연관성이 있는지를 알 수 있다.

원가를 개선한다는 것은 기업의 수익 구조를 좋게 하여 어떠한 외부 환경에도 이익을 내도록 하는 체질로 변화시켜 나가는 것을 말한다. 원가 개선의 기본적인 방향은 재료비 절감, 노무비 절감, 경비 절감의 3가지 관점에서 재료비 절감으로는 자재 수율 향상과 공정 불량 감소 등이 있으며 노무비 절감은 공정 관리 시스템 측면에서 접근하는 것이 좋으며 기업 현장에서 가장 많이 추진하고 있는 경비 절감은 소모품, 수선비 절감 등이 있다. 〈그림 4.5〉는 원가 개선의 방향을 정리한 것이다.

2. 현장의 지혜를 활용한 개선

(1) 개선의 지혜

개선이란 일(업무)의 목적을 효율적으로 달성하기 위한 수단이나 방법의 변경이라고 할 수 있다. 즉 현재의 상태를 좋게 바꾸는 것으로 개량, 개조, 연구, 창의, 고안(考案)의 의미가 포함되어 있다. 생산 현장에는 많은 낭비가 내재해 있다고 보고 생산 활동에서의 낭비를 철저하게 찾아내어 없애는 과정이 개선 활동으로 나타나도록 하고 있다. 도요타에서는 개선 시에는 혼(魂)이 필요하다고 말한다. 개선에는 지혜가 필요하다.

TPM에서는 일반적으로 개선을 일상 개선과 개별 개선으로 분류하는데 일상 개선이란 일상적인 업무의 개선 활동으로 예를 들면 자주보전 활동에서의 불합리한 사항이나 작업 방법의 간단한 변경 등에 의한, 즉 실천할 수 있는 개선을 의미하며 개별 개선은 설비와 장치, 프로세스와 프랜트 전체의 모든 것에 대해 철저한 로스 배제와 성능 향상을 꾀함으로써 최고의 효율화를 도모하기 위한 개선 활동이다.

　개선을 하기 위해서는 문제의식이 있어야 하는데, 문제란 있어야 할 모습(상태)과 실제의 모습 간에 차이가 있는 상태를 의미하는 것으로 자신이 담당하는 업무를 어떻게 바꾸는 것이 가장 효율적인가를 항상 생각하는 사고를 가져야 하며 시간이 없다는 이유로「이것이 문제이다」,「저것이 문제이다」라는 말로서만 그쳐서는 안 되며 문제에 대한 적극적인 개선 의지가 필요하다. 이러한 문제에 대한 개선은 자신의 주위를 조금만 관심을 가지고 살펴보면 가능한데 특히 작업 방법에 대한 개선이 선행되는 것이 중요하므로 처음부터 개선을 통한 유형적인 성과에 너무 집착하지 말고, 자신을 위한 개선을 통해 개선에 대한 필요성을 점차 인식하도록 하는 것이 바람직한 방법이라고 볼 수 있다. 예를 들면 작업 방법을 개선하여 작업의 용이성을 확보한다든가 중량물 이동과 같은 사항을 개선하여 작업부하를 감소시키도록 하는 것이 필요하다. 이를 위해서 필요하면 작업 자체의 불합리한 사항이 없는지 체크시트를 활용하는 것도 일상 개선을 위한 하나의 방법인데 체크 항목으로는 다음과 같은 것들이 있다.

- 허리를 굽힌다, 손을 머리보다 높이 올려 작업을 하는 등 작업 자세가 불안정한 작업은 없는가?
- 중량물의 취급 등의 피로가 큰 작업은 없는가?
- 제품 구조가 복잡하므로 공수가 많이 들지는 않는가?
- 포장 형태가 나쁘고 공수상의 낭비가 많지는 않은가?

- 청소나 점검 방법이 불편하여 시간이 많이 걸리지는 않는가?

개선 활동을 활성화하기 위해서는 동기부여가 필요한데 '일상 개선 이벤트 활동'이라든가 '변화의 현장', '일상 개선 우수 사례집' 제작과 같은 사항으로서 전원이 참여할 수 있는 기회를 만들어 활용토록 하고 제안 활동과의 연계성을 명확히 설정하여 실시하여야 하는데 일상 개선 중 개선의 아이디어가 우수한 사항은 제안으로 제출하여 제안 규정에 따른 인센티브를 활용하도록 하고 자주보전 활동의 불합리 개선을 통한 일상 개선 시트를 작성하는 것도 국내 TPM 추진 기업에서 실시하는 방법의 하나이다. 일상 개선은 분임조 활동의 활성화를 위한 활력소의 역할을 하는 것이므로 가능한 전원이 참여하여 지속적으로 실시토록 하는 분위기를 조성하는 것이 중요한 것이다. 일상 개선이 실시되지 못하는 분임조는 대체로 분임조 활동이 정체되어 있음을 볼 수 있는데 침체된 분임조 활동의 분위기를 전환하기 위해서는 현장의 개선을 통한 변화의 모습을 스스로 느끼도록 하여야 하며 이것이 현장 리더의 역할이라고 볼 수 있다.

개선에는 스킬이 필요하다. 여기서 스킬이란 숙련, 능숙함, 솜씨, 기량을 뜻하는 것으로 '연습을 많이 하여 능숙하게 익혀 기술이 좋다'라는 내용을 포함하고 기술이란 사물을 잘 다룰 수 있는 방법이나 능력의 의미이다. 개선을 다르게 표현하면 과학 이론을 현실에 적용하여 자연의 사물을 생활에 유리하도록 가공하는 수단이라고도 할 수 있는데 개선 실시의 포인트는 다음과 같다.

첫째, 자신감을 가져야 한다. '이제는 개선할 것이 없는데 또 개선하라니 걱정이다'라는 생각을 가지지 말고, 자신감을 갖고 현장의 구석구석을 찾아보면 생각지도 못했던 훌륭한 개선을 할 수 있다.

둘째, 집중력이 필요하다. 정신을 집중해야만 문제의 본질을 간파할 수 있다는 것이다. 설비나 공정상에도 약점이 많이 있다. 보다 집중해서 현장을 본다면 개선할 대상이 눈에 보이게 된다.

셋째, 순발력이 필요하다. 이를 위해 평소 현장에서 훈련이 필요하다. 처음부터 큰 개선에 매달리지 말고, 작은 개선부터 시작하면서 이를 통하여 훌륭한 개선을 할 수 있게 된다. 이 정도면 되겠지, 하는 생각 즉 방심은 금물이다.

개선에서 중요한 것은 실행이다. 영어로는 개선을 Improvement라고 하고 실행은 Implementation이라고 하는데 영어 스펠링의 이미지가 비슷한데 개선은 3현 주의(현장, 현실, 현상)에 의한 실시가 되어야 한다는 것을 의미한다. 현장에 문제가 있으면 즉시 개선하라는 말이 있다. 문제가 있는데도 개선하지 않은 것은 죄악이라는 것이 도요타의 사상(思想)이다.

개선의 기본은 복원인데 복원과 개선에 대해서 혼동하는 경우가 있는데 복원은 어떠한 사유(강제 열화 등)로 인해 기능이 저하된 상태를 원래의 모습으로 만드는 것이며 개선은 현재보다 더 좋은 기능을 가지도록 하는 것이다. 복원에는 불합리를 보는 안목이 있어야 하고 개선을 위해서는 사물의 내면을 볼 수 있어야 한다. 개선은 크게 바

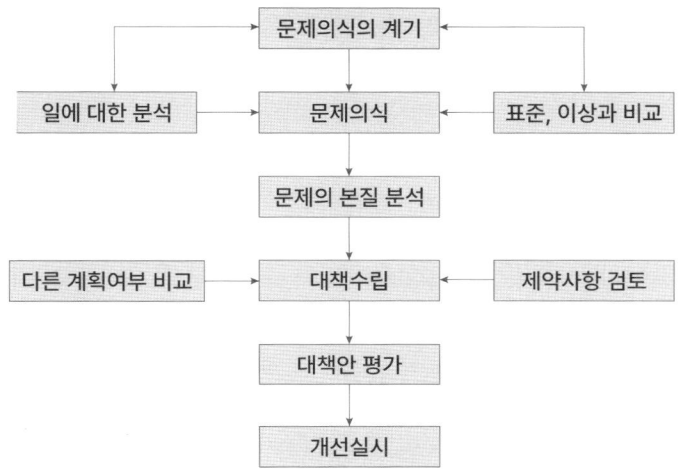

그림 4.6 개선 실시 Flow

꾸는 것도 중요하지만 일하는 방법을 지속적으로 조금씩 바꾸는 작은 실천이 더 중요하다. TPM에서는 복원 후에 개선이라는 격언이 있다. 〈그림 4.6〉은 개선 실시에 대한 Flow를 정리한 것이다.

개선이 지속적으로 실시되기 위해서는 개선으로 인한 효과를 객관적으로 명확히 산출하는 것이 중요하다. 일상 개선은 개별 개선에 비해 개선의 성과가 작게 나타나는 것이 일반적으로 5S나 작업환경의 개선 등과 같은 사항은 대부분이 정량적인 효과보다는 정성적인 효과로 나타나게 된다. 그러나 분임조 활동이 점차 레벨 업 되면서 일상 개선 중에서도 부재료비 절감이나 작업 공수 절감 등의 정량적인 효과도 나타나게 되는데 이러한 개선의 성과를 일차적으로 일상 개선 시트에 정확히 산출하여 기입하는 것은 물론 일상 개선 효과 산출 리스트를 작성하여 나타내는 것도 중요하다. 개선의 효과가 정량적으로(최근에는 유형적인 용어보다는 정량적인 용어를 많이 사용함) 나타날 수 있는 것은 지표화할 수 있는데 예를 들면 불량품 감소 수량, 청소 시간의 절감 등으로 개선에 의한 효과의 수치를 정확하게 산출하도록 하고 이를 금액화하여 산출하면 일상 개선에 의한 종합적인 개선성과 금액을 나타낼 수 있게 되는 것이다. 개선제안이나 테마에 의해 달성한 정량적인 효과를 금액화한 내용이 객관적으로 인정받을 수 있도록 산출 기준을 사전에 명확하게 정하는 것이 필요하다. 가장 바람직한 방법은 금액 산출 방법을 공식화하여 쉽게 활용할 수 있도록 하는 것인데 일반적으로 개선 성과는 우선 계량이 가능한 정량적인 부분과 계량이 불가능한 정성적인 성과로 구분될 수가 있으며 정량적인 성과도 지표상으로만 측정 할 수 있는 물량적으로 측정 가능한 성과와 금액적으로 산출할 수 있는 성과로 나누어지게 된다. 여기서 한 가지 유의하여야 할 사항은 금액으로 환산이 가능한 성과 중에서도 즉시 금액으로 실현할 수 있는 부분과 그렇지 못한 미실현의 효과인지를 확인하여야 한다는 것으로 미실현의 효과로서는 고장이 발생하지 못하도록 개선하였으나 이것이 생산량이 증대되는 효과에 바로 기여될 수 있을 것인가가 확실하지 못할 때 등이다.

개선 활동을 하게 되면 어떤 형태로든 성과는 나타나게 되기 때문에 개선을 위한 노력은 지속적으로 실시하여야 한다. 이러한 개선을 통하여 성과를 많이 산출하기 위해서는 개선에 대한 의욕과 개선을 더욱 효과적으로 추진하기 위한 스킬이 필요하다. 즉 개선의 성과는 개선에 대한 의욕과 개선 스킬의 집합체라고 할 수 있다. 개선에 대한 의욕이 없이는 개선의 스킬이 아무리 좋아도 개선 활동이 원만하게 진행되기가 어려우며 기본 이상의 개선 스킬을 습득하지 못한 상태에서는 개선을 향한 열정을 가지고 있다고 하더라도 기대한 만큼 개선의 성과를 달성하기가 불가능하게 된다.

개선을 실행하다 보면 이러한 개선의 성과가 성과지표에 기여하는 경우를 보게 되는데 개선의 성과가 계량할 수 있는 정량적인 성과로 나타나게 되어 공정이나 설비의 신뢰성을 향상하는데 기여하게 된다. 불량이 감소하거나 고장이 발생하지 않게 되는 개선 활동이 성과지표로 연계되어 KPI(Key Performance Indicator) 관리 목표를 달성하는데 유효한 수단으로 활용하게 될 수 있도록 개선한 활동의 성과가 어떻게 선출되어 성과지표에 반영되는가를 항상 관심을 두고 관리하여야 한다. 이것은 담당 공정에서 중요하게 관리하는 성과지표가 목표보다 미달하거나 안 좋아지는 경향이 발견되면 이를 개선하기 위한 활동을 적극적으로 실시하여야 하는 것을 의미하기도 한다.

(2) 가라쿠리 개선

가라쿠리(からくり)는 조종, 장치·기계라는 의미로서 일본에서는 에도 시대 후반에 유럽의 시계 기술에서 발달한 기계적 제어 기구를 사용한 조종 가능한 인형을 만들어 사용해 왔는데 이것을 가라쿠리

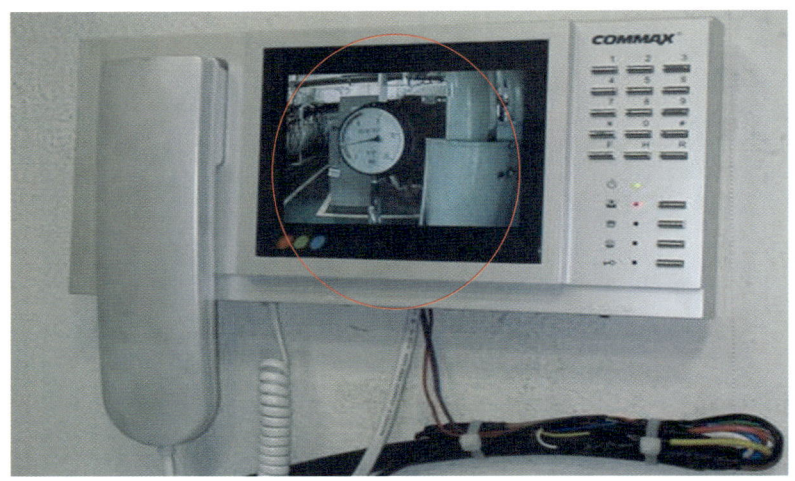

그림 4.7 점검의 용이화를 위한 개선사례

인형이라고 한다. 가라쿠리 개선이란 현장 오퍼레이터를 중심으로 불합리를 찾아내어 가능한 적은 비용으로 지혜를 짜내어 여러 번의 시도를 통하여 개선하는 것이라고 표현할 수 있으며 가라쿠리 개선의 가장 큰 특징은 중력이나 작용과 반작용과 같은 자연과학의 기본 원리를 응용한 개선이라는 점이다.

가라쿠리 개선은 중력, 부력과 압력, 자석의 이용, 지레의 원리, 전기의 활용 등 물리적인 기초 원리를 응용한 개선의 사례가 많이 있는데 이러한 개선은 오퍼레이터의 지혜 즉 현장의 지혜가 수반되는 것이 중요한 포인트로 단순한 사고로는 적은 비용으로 기대하는 성과를 나타내기가 어렵기 때문이다.

〈그림 4.7〉과 〈그림 4.8〉은 가라쿠리 개선 원리의 관점에서 국내 현장에서 개선으로 점검의 용이화와 작업의 편리성을 추구하는 개

그림 4.8 작업의 편리성을 추구한 개선사례

선 사례이다.

첫 번째 사례는 점검을 쉽고 효율적으로 하기 위한 개선으로 점검은 현장의 설비보전을 위해 매우 중요한 사항으로 설비를 사용하다 보면 문제가 발생하는 경우가 있는데 원인을 분석하다 보면 사전에 조금만 더 관심을 두고 살펴보았으면 예방이 가능한 경우가 많이 있다. 그런데 이러한 점검이 필요한 줄은 알지만 점검하기가 어렵고 시간이 오래 걸리게 되면 본의 아니게 소홀해질 수 있는데 〈그림 4.7〉의 개선 사례는 4미터 높이에 설치된 팬(FAN)의 상태를 오퍼레이터가 점검하기 위해서는 반드시 사다리를 타고 올라가 점검하여야 했으나 비디오 폰과 자전거 전조등에 사용되는 소형 발전기를 이용한 개선 아이디어이다. 팬의 정상적인 압력 여부는 비디오 폰의 카메라를 설치하여 아래에서도 확인할 수 있도록 되어있으며 동력을 전달시키는 벨트 장력의 점검도 가능하게 되었다. (벨트의 장력이 정상인지의 점검은 장력이 느슨해지게 되면 발전기가 동작하게 되어 비디오 폰의 옆에 설치한 경보 등이 켜지게 되므로 문제가 발생하기 전에 조치할 수 있도록 한 원리임)

두 번째 사례로는 작업의 편리성을 추구하기 위한 개선으로 공정 운전 중의 한 과정인 약품 첨가 작업을 하기 쉽게 개선한 사례로 〈그림 4.8〉의 A 부분에 있는 오퍼레이터가 탱크에 약품을 투입하기 위해 사다리를 올라가고 있는데 왼손에는 약품 통을 들고 올라가는 업무가 위험하다고 판단되어 약품 투입 펌프를 설치하여 자동으로(물론 조작은 오퍼레이터가 필요할 때 가동함) 조작함은 물론 탱크 안의 레벨도 확인 가능하게 한 것이다. 이러한 개선 사항은 오퍼레이터가 실제 자신이 직접 제작하여 실제 작동 가능하게 함으로써 개선 내용을 쉽게 이해하도록 한 것으로 가라쿠리 개선의 특징을 잘 나타낸 것이라고 할 수 있다.

가라쿠리 개선에는 현장의 낭비를 철저히 배제하려는 의지가 내포되어 있는데 즉 현장 오퍼레이터 스스로가 불합리를 찾아내고 개선하며 이를 유지하게 해 가는 개선으로 가능한 한 비용을 들이지 않고 지혜를 짜내어 여러 번의 시행착오를 거쳐 비로소 개선의 모습으로 나타나게 되는 것이다.

3. 설비개선 분석기법

(1) 왜왜분석 기법

왜왜분석은 5-why 분석 또는 know-why 분석이라고도 한다. 왜? 를 5번 이상 반복함으로써 목적과 수단, 원인과 결과의 관계를 계통적으로 철저하게 추구할 수가 있다. 기본적인 개념은 모두 근본적인 원인을 찾아내기 위한 분석이라고 볼 수 있으며 굳이 구분하자면 know-why 분석은 왜왜분석을 통해 근본적인 요인을 찾아낸 후 재발 방지 대책을 수립하는 사항까지 포함된다고 할 수 있는데 기술적인 대책과 관리적인 대책을 누가 언제까지 실시할 것인가라는 사항을 설정하도록 되어있다. 실무 현장에서는 바로 이해할 수 있고 쉽게 불리는 관점에서 왜왜분석이라고 하는 것이 보편적이다. 〈그림 4.9〉는 왜왜분석의 기본적인 형태이다.

왜왜분석은 TPM 활동을 추진하는 데 있어 많이 활용되고 있는데 활용 사항은 살펴보면 다음과 같다.

- 자주보전 활동의 2 스텝인 발생원·곤란 개소 개선에서 만성적인 오염 발생원에 대한 근본적인 원인을 찾아내는 데 활용
- 분임조 개별 개선 테마 추진 중 현상 파악 후 원인 분석 시 활용
- 현장의 설비나 공정의 트러블 발생 시 재발하지 않도록 하기 위한 참 원인을 찾고자 할 때 활용
- 품질 보전 활동에서 불량이 나지 않는 조건의 상태를 유지하지

그림 4.9 왜왜분석의 기본 형태

못하는 불합리한 사항에 대한 요인을 찾아내고자 할 때 활용

왜왜분석을 활용할 때 고려해야 할 사항 중 가장 중요한 것은 철저하게 3현 주의(현장·현물·현상)에 바탕을 둔 분석이 중요하다. 모든 문제점이 현장·현물에 있는데 책상에 앉아서 분석하고 있다면 근본적인 원인을 찾아내기가 불가능할 것이다. 왜왜분석의 기대 효과는 사고의 전환을 기할 수 있는 것이 큰 효과라고 할 수 있다. 그런데 보통 현장 경험이 많을수록 고정관념에 빠질 수가 있다. 이런 경우는 현장에서 이상(異常)이 발생하면 우선 본인의 경험을 바탕으로 원인을 찾는 경우가 많지만 자기 지식과 경험을 벗어난 것은 근본적인 원인을 찾아낼 수가 없게 되는 것이 문제이다.

왜왜분석을 보다 잘 활용하기 위한 사용 시 고려해야 할 중요 포인트를 제시하고자 한다.

첫째, 왜왜분석 활용의 목적을 분명히 숙지하고 실시하여야 한다.

둘째, 현상에 대한 원인을 분석하기 전에 해당 설비 및 공정에 대한 구조, 원리, 기능 등에 대한 철저한 숙지가 되어야 한다.

셋째, 3현 주의 (현장, 현물, 현상)에 입각한 분석이 되어야 한다.

넷째, 1현상 1분석을 준수하여야 하는데 이것은 여러 가지의 현상에 대해 동시에 왜왜분석을 실시하면 일관성이 결여되어 참 원인을 찾아내기가 어렵기 때문이다.

다섯째, 단계별(1w, 2w, 3w…) 분석 시 적합성이 맞는지에 대한 철저한 검증이 필요하다.

- 재발방지 대책에 대한 요인이 나올 때까지 '왜'를 반복한다.
- 정상적인 상태에서 벗어나고 있는 이상(異常) 상태만을 기재한다.

  예 : 클린룸 내에 Dust가 규정량 이상으로 많다.

  → 생산 주문량이 많아서 (X)

  주기적인 청소가 되지 않기 때문에 (O)

- 사람의 심리적인 측면에서의 원인 추구는 가급적 피하도록 한다.

왜왜분석을 활용하는 데는 두 가지의 접근 방법이 있는데 하나는 '바람직한 모습에서의 접근 방법'이고 다른 하나는 '원리·원칙을 추구하는 접근방법'이다.

'바람직한 모습에서의 접근 방법'이란 어느 문제를 일으키는 요인(마지막 부품이나 제조 조건 등)이 어느 정도 특정이 가능하면 다시 한

번 추구하여 재발 방지 대책을 도출해 낼 경우에 사용되며 '원리·원칙을 추구하는 접근 방법'이란 어느 문제를 일으키는 요인이 특정할 수 있지 않거나 특정이 가능해도 아직 다른 요인이 있을 가능성이 높아 그 요인을 찾아내는 것과 함께 재발 방지 대책을 도출해 낼 경우에 사용된다. 근본 원인을 명확히 밝혀 다시는 재발하지 않도록 하는 것이 중요한데 이럴 때 왜왜분석을 사용하면 좋다.

왜왜분석은 현상을 발생시키는 요인을 즉흥적으로 생각하는 데 그치지 않고 현상을 더욱 체계적으로 접근하여 발생 요인이 누락되지 않도록 하기 위한 분석 방법이다. 즉 주관적이고 단순 경험 지향적인 사고에서 더 객관적이고 논리적인 사고를 통해 근본적인 원인을 찾아내는데 유효한 설비 개선 분석 도구이다.

글로벌 기업에서는 왜왜분석을 RCA(Root Cause Analysis)라고 하여 실무에서 실질적으로 활용되고 있다. 생산 현장에서만이 아닌 지원 부문에서도 현업 문제를 해결하는 방안으로 유효하게 사용하고 있다. 왜왜분석은 기존의 QC 개선 기법 도구 중 브레인스토밍을 도출된 주요 요인을 요인 계통도에 의해 정리한 사항과 유사한데 설비나 공정의 문제 발생 사항과 관련된 기능 구조적인 내용에 대한 지식이 충분해야 효율적으로 분석하여 근본 요인을 찾아낼 수 있다는 것이 차이점이라고 할 수 있다.

(2) PM 분석 기법

TPM에서 활용되고 있는 개선기법 중에 PM 분석이라는 것이 있는데 현장에서의 만성적인 문제를 해결할 때 사용되는 개선 기법이다.

현장에서 발생하는 로스는 거의 돌발적인 로스의 형태로 나타나지만, 복원적 대책으로는 해결이 어려운 만성적인 로스로 인해 근본적인 문제 해결이 되지 못하는 경우가 있는데 이런 경우 PM 분석을 활용하게 된다. 물론 이 경우에도 무조건 PM 분석을 사용하는 것 보다는 왜왜분석 등을 활용하여 해결할 수 있는지를 판단한 후에 사용 여부를 결정하는 것이 바람직한데 그 이유는 PM 분석이 왜왜분석에 비해 분석에 걸리는 시간이 많이 소요되기 때문으로 왜왜분석으로 근본적인 요인 분석이 가능하다면 구태여 PM 분석을 실시함으로써 귀중한 시간을 낭비할 필요가 없기 때문이다. 만성 로스의 특징은 원인은 하나이지만 원인이 되는 것은 많으며 복합 원인에 의해 발생하여 그 요인의 조합이 수시로 바뀌는 것인데 이러한 만성 로스를 해결하기 위해서는 현상을 잘 해석하여 원인을 파악하여야 하며 원인이라 생각되는 것 전체에 대해서 대책을 세우고 바른 상태로 유지하는 것이 필요하다.

PM 분석은 '현상(phenomena)을 물리적(physical)으로 해석하고 메커니즘(mechanism)을 해명한다'라는 것으로 여기서 M은 4M(man, machine, material, method)의 의미도 포함하고 있으며 〈그림 4.10〉은 PM 분석에 의한 개선의 사고(思考)를 나타낸 것이다.

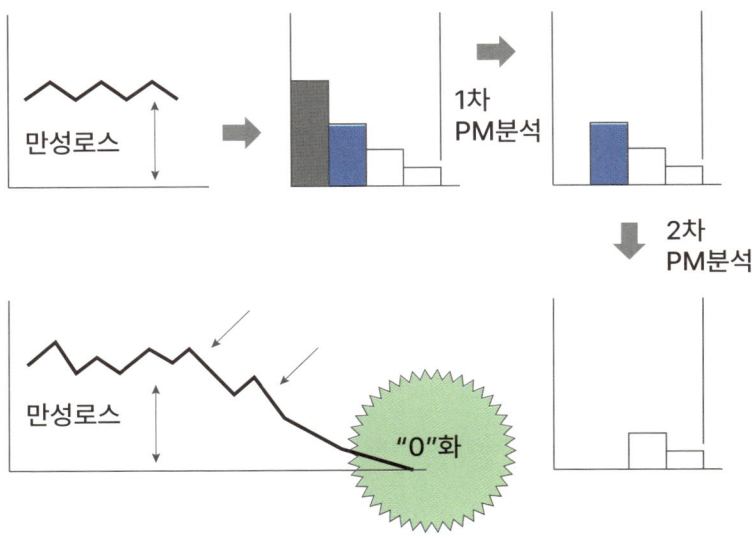

그림 4.10 PM 분석에 의한 개선의 사고

PM 분석은 다른 기법 등과 마찬가지로 현상 파악을 통해 사실을 명확히 한 후 관련되는 요인을 찾아 개선하는 기법이다. 다만 요인을 명확하게 찾아내기 위해서 물리적인 해석을 활용한다는 것이 특징인데 객관적인 사고로 문제를 직시하여야 깊이 숨어져 있는 요인을 찾아내어 해결할 수가 있다.

PM 분석은 10단계로 진행되는 데 가장 중요한 단계는 현상을 물리적으로 해석하는 것이다.

물리적 해석이란 현상 자체를 물리적 원리·원칙으로 이해하자는 것으로 즉 가공 원리를 통해 현상이 일어나는 메커니즘을 확실하게 파악하는 것이다. 가공 원리로부터 현상은 무엇과 무엇의 조건으로 성립하는 것인지 그 조건을 맺고 있는 물리적 조건은 무엇인지, 그것이 어떤 상태로 변화되고 있는지 등을 확인하는 것인데 이렇게 해석

패턴 ①
조건 A와 조건 B — 의 물리량 X가 α로 된다.

현상	조건A	조건B	물리량	변화의 상태
걷는 도중에 미끄러진다	바닥면과	구두밑창의	마찰저항이	작다

패턴 ②
결과=A/B (A, B의 작용의 크기에서 현상이 발생한다.)

현상	물리적인 해석
실린더가 전진단까지 나가지 않는다	피스톤을 누르는 힘(A)보다 저항(B)가 작지 않다 (A ≤ B)

그림 4.11 물리적 해석의 대표적인 2가지 패턴 사례

하면 사물을 더욱 객관적으로 분석할 수 있다. 따라서 물리적 해석은 누가 하든지 한 개로 유일하다는 것으로 만일 2개 이상으로 해석이 되면 현상에 대한 파악이 불충분하였다고 판단한다. 〈그림 4.11〉은 물리적 해석의 대표적인 2가지 패턴에 관한 사례이다.

물리적 해석까지 진행되면 요인은 거의 찾아낸 것이나 다름없다. 물리적 해석에서 발생 메커니즘이 일어날 수 있는 조건을 정한 후 4M과의 관련성을 리스트하게 되는데 4M과의 관련성이 있는 것으로 적출된 불합리는 철저히 복원한 후 개선하여야 한다. 반드시 유의하여야 할 사항은 아주 작은 미결함도 무시하지 않아야 한다는 것인데 왜냐하면 나타난 불합리가 작다고 무시하여 미 조치하게 되면

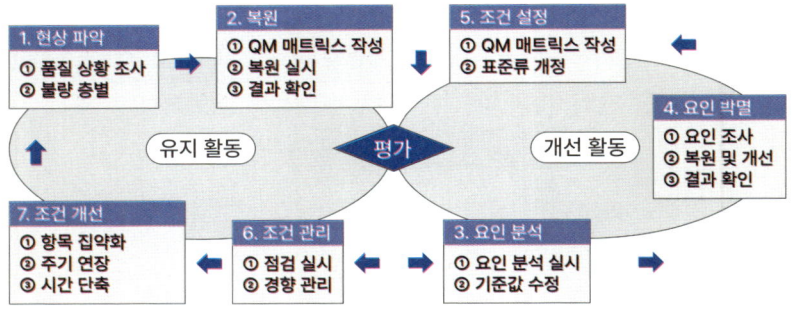

그림 4.12 8자 전개법의 개요

이런 미결함이 나중에 또 다른 문제를 발생시키게 되기 때문이다.

PM 분석은 TPM 활동 중 품질 보전 활동에서 8자 전개법으로 활용되는데 품질 보전 활동은 자주보전 활동을 통하여 설비와 공정에 강한 오퍼레이터가 되면 불량 제로라는 TPM의 목표를 달성하기 위하여 불량이 발생하지 않는 조건을 만들고 지키기 위한 활동이다. 또한 만성적으로 반복되는 고장에 대해서도 개선 테마 활동을 통하여 활용되기도 한다. 개선 기법은 현안의 문제를 해결하기 위해 사용되는 도구로 현안의 문제를 효율적으로 해결하기 위해서는 적절한 도구의 활용이 중요한 것이다. 따라서 일반적인 개선 기법으로 해결할 수 있는 문제를 구태여 PM 분석을 사용할 필요는 없는데 왜냐하면 PM 분석을 사용하는 데에는 많은 시간과 노력이 필요하게 되기 때문에 만성적인 문제라는 것이 확실하게 되면 PM 분석을 활용하는 것이 현명한 선택이 될 수 있다. 〈그림 4.12〉는 8자 전개법의 개요를 정리한 것이다.

제 5 장

스마트 TPM 벤치마킹

 ← QR코드를 스캔하시면 동영상 강의를 볼 수 있습니다.

1. 장치형 산업 벤치마킹

(1) 화학 산업

화학 산업은 장치산업 분야로서 현장의 특징은 많은 설비가 외부에 설치되어 있어 공정 및 설비에 대한 관리 범위가 넓고 외부 환경에 의한 장치 부식 등이 발생하기 쉽다는 것이다. 또한 화학 공정의 특성상 불안전한 위험 요소가 잠재되어 있어 지속적이고 철저한 작업 안전관리가 절대적으로 요구되고 있다. 화학 산업의 현장에서는 화학적 가공을 거친 반제품이 차기 공정으로 이송하는 과정을 여러 번 반복하게 되므로 구동 장치에 관련되는 설비 및 이송 배관의 비중이 높다. 이러한 설비나 배관들이 외부 환경에 노출되어 있으므로 설비관리에도 많은 어려움이 따르게 된다.

화학 공정의 특성상 사고가 발생하면 인명 피해는 물론 수백, 수천억 원의 금전적인 피해가 발생하므로 스마트 TPM을 통한 체계적인 설비의 예방보전을 통해 공정 안정성을 확보하는 것이 필수적이다.

합성수지, 기초 유분 화성 제품과 석유제품을 생산하고 있는 H사에서는 1997년부터 TPM을 도입하여 전신인 S사에서의 추진을 포함하면 현재 30년 가까이 경영혁신의 도구로, 지속적으로 추진하고 있다. 초기의 자주보전 7스텝을 기반으로 2021년부터는 3S Plant 구축 활동을 하고 있는데 Smart(스마트 팩토리), Systematic(디지털 공정관리), Steady(변함없는 활동)라는 의미로 스마트 프로세스를 통한 품질 향상과 안전사고 제로를 목적으로 하고 있다. H사는 업종 특성상 Control Room에서의 공정 모니터링 업무가 중요하며 메인 오퍼레이터는 최소 10년 이상 경력을 보유하고 있어야 하는데 인원 구성이 피라미드 체계로 되어있지 않아 이를 해결하고자 자주보전 활동을 실무 요원을 공정에 강한 오퍼레이터로 양성하는 프로그램으로 중점 실시하였다. 공정에 강한 오퍼레이터(PE: Production Engineer)란 설비 및 공정에 대한 설계 개념과 구조를 이해하고 분석, 조치, 사후관리 능력을 겸비한 전문가로서 안전하고 신뢰할 수 있는 공정을 운영하는 데 큰 역할을 하게 되는 것이다. 2000년대 후반부터는 기능마스터 제도를 운영하여 공정에 강한 오퍼레이터로서의 자부심을 가질 수 있도록 하였는데 현재는 주니어 마스터와 HTC 마스터로 구분되어 시행하고 있다. HTC 마스터는 업무 관련 자격증 중 국가 기능장 2개와 산업기사 1개 자격을 취득하고 소정의 사내 교육과정을 이수하여야 인정되는데 초기의 기능마스터의 인증 기준과 동일하다.

그림 5.1 기능마스터의 거리 (H사)
출처: 24회 글로벌혁신컨퍼런스 발표자료 (2015)

　자주보전 활동의 목적이 설비에 강한 오퍼레이터를 양성하는 것인데 H사의 기능마스터 제도는 이러한 TPM의 목적인 사람의 체질 개선에 적합한 것이다. 〈그림 5.1〉은 기능마스터를 존중하고 자격 취득을 격려하는 분위기를 조성하기 위한 기능마스터 거리의 모습으로 현재는 명예의 전당으로 운영하고 있다.

　화학 산업은 특성상 돌발적인 공정에서의 트러블이 발생하게 되면 손실이 크기 때문에 정기적인 설비보전에 의한 철저한 예방보전이 필수적이다. H사는 계획보전 추진의 하나로 스마트 플랜트 인프라 레벨업 활동을 통해 Triple Zero를 목표로 하고 있다. Triple Zero는 공장 가동 정지 제로, 설비고장 건수 제로, 중대재해사고 제로인데 이를 위하여 설비진단 지능화 시스템 구축과 설비진단 Digital Tranformation 구현을 추진하고 있다. 실시 내용으로는 가동상태 데이터의 수집, 분석 환경 구축과 진단 Rule 지능화 구현과 리포트의 자동 생성이 되도록 하고 있으며 DCS 데이터로 가동상태를 초록, 회색 등으로 표시하고 알람 상태에 따라 정상, 경고, 위험 단계를 색상 표시 스펙트럼과 Timewave Chart를 비교 분석 배치하고 있다. 이와 더불어 실시간으로 파악되는 플랜트 가동상태 데이터의 예측 분석의 고도화 및 공정분석의 기능도 확대하고 있는데 이는 2017년부터 수백억 원을 투자해 구축한 스마트 플랜트로의 변화가 기반이 되었다. 공장에는 작업 현장 주변을, 드론을 활용해 촬영한 설비 상태의 영상 데이터가 실시간으로 공장 중앙통제실로 전송되어 설비 안전 점검 기능도 대체하고 있다.

   J사는 업종의 특성을 고려하여 개별 개선 활동을 6시그마와 접목하여 S-TPM을 자체적으로 개발하여 추진하였는데 Six Sigma는 측정과 통계적 분석 및 공정 최적화에 적합하고 TPM은 정성적 분석, 설비관리 및 기술적 문제 해결, 현장 유지관리에 적합한 점에 착안하여 상호 보완적인 측면에서 추진하도록 한 활동이다. 자주보전 활동도 안전관리와 연계하여 7스텝을 자율 안전 Leading company 실현과 사람, 공정, 시스템 운영의 스킬 향상을 목적으로 자주 안전 활동으로 시행하였는데 스텝을 현장관리의 수단으로 적절하게 활용한 사례라고 할 수 있다. 자주 안전 7스텝은 4개의 서브 스텝으로 7-1 스텝은 안전에 강한 오퍼레이터의 육성을 7-2 스텝은 설비의 불안전 요소의 제로화와 7-3 스텝은 안전이 보장된 프로세스 구축을 7-4 스

텝은 완전한 작업표준 시행을 활동 목표로 하고 있다.

(2) 식품 산업

식품산업 분야는 생산 제품 특성상 생산 공정에서의 위생·청결 관리가 절대적으로 필요하다. WHO 환경위생 전문위원회의 정의에 의하면 '식품위생이란 식품의 성장(재배, 양식), 생산·제조로부터 최종적으로 사람에 섭취되기까지의 모든 단계에 걸친 식품의 안전성, 건전성 및 완전 무결성을 확보하기 위한 모든 수단을 말한다'라고 되어 있다. 식품을 제조하는 생산 공정에서 공장 혁신 활동을 추진할 때는 이와 같은 사항을 고려해야 한다. TPM을 혁신 활동으로 추진하는 국내 기업이나 일본 추진 사례를 보면 혁신 전략에는 식품 안전에 관련된 사항을 기본적으로 포함하고 있는 것이 일반적인데 식품 안전 시스템 제도인 HACCP(hazard analysis critical control point)이나 ISO 22001과의 연계성을 포함하기도 한다. 여기서 HACCP이란 특정 위해 및 예방책을 식별하여 모든 잠재고객에게 안전상의 결함이 되는 제품을 생산하는 위험을 최소화하도록 관리하는 제도이며 식품 안전 경영시스템인 ISO 22001은 식품 공급 사슬 상의 모든 조직에 대한 요구사항을 ISO/TS 22004 지침에 의해 적용하고 있다.

식품산업의 제조공정은 원료를 가공하는 전(前) 공정과 포장공정인 후(後) 공정으로 구분된다. 전 공정은 연속공정 또는 Batch 공정으로 장치형 공정으로 구성되어 있으며 후 공정은 가공·조립형 공정으로 되어 있다. 즉 장치형 공정인 전 공정에서는 공정 조건 관리가 중요하고 설비 형태는 탱크, 펌프와 배관 등으로 되어 있으며 포장라인이 대부분인 후 공정에서는 외관 품질관리가 중요하고 제품 충진(filling) 설비에서는 오염을 방지하는 기능이 절대적으로 필요하다. 최근에 새로 신설되는 식품 제조공장의 포장라인을 보면 완전히 자동화된 시스템으로 운영하는 경향으로 오퍼레이터에 의한 자주보전 활동의 역할도 특성화하여 추진할 필요가 있다. 이런 경우는 반도체 산업 제조공정에서 오퍼레이터의 역할과 유사하다. 식품기업 현장에서의 TPM 활동은 식품 제조공정에 맞는 추진이 필요하다. 먼저 식품 안전을 고려한 품질관리 시스템의 구축이 선행되어야 하는데 TPM은 식품 안전 시스템 확립을 위한 기본 관리 체계를 정립하는 데 매우 유효한 활동이 된다. 제조공정이 장치형 공정과 포장라인으로 구분되므로 이에 맞는 설비보전을 구분하여 실시할 필요가 있다. TPM 추진 목표는 수율, 종합효율(포장라인) 및 소비자 클레임 관련 관리 지표 중 KPI(key performance indicator)를 선정 활용하는 것이 바람직하다. 고장·트러블 예방 활동으로서는 다른 산업과 유사하게 접근하면 되는데 자주 관리 실시 체계화 및 고장 관리 운영체계의 확립, PdM(predictive maintenance: 예지보전)의 효율적 활용 등이 실시되고 있다. 또한 제품 불량 예방 활동으로서의 TPM 활동의 역할도 중요하다. 자주보전 및 품질 보전 활동 등과 연계하여 CTQ(critical to quality) 선정에 의한 중점 관리 및 식품의 3대 위해요소(생물학적 위해,

화학적 위해, 물리적 위해)에 대한 공정, 설비 요소의 총점검 활동 시행 등도 식품산업 TPM의 특성화 활동이 될 수 있다.

식품 공정은 같은 산업 현장이라도 몇 가지 타입으로 구분되기 때문에 이에 따른 활동의 변화도 고려하여야 한다. 식품 산업의 공정은 커피 등 분말 제품을 제조하는 공정에서는 건조(DRY), 혼합(MIXER) 등의 제조공정으로 구성되어 있으며 제품 포장 시 분진에 대한 관리를 유의하여야 한다. 또한 음료 및 주류 제품을 생산하는 경우로 살균 처리 및 충진시의 로스를 철저히 방지하고 OEE(Overall Equipment Effectiveness) 등 종합효율 지표의 관리 등이 중요하다. 육가공 및 우유 등 유제품, 생면, 냉동식품 등을 제조하는 공정에서는 식품 안전을 위한 오염 방지 관리가 철저하여야 한다. 과자 및 스낵을 생산하는 공정은 제품 품질 측면에서의 맛, 색상 등 관리가 중요하며 조미료 등을 생산하는 바이오 부문의 제조공정에서는 발효, 정제, 농축 공정이 중요 관리 공정으로 수율 및 에너지 원단위에 대한 관리 지표를 중점화하고 있다.

식품산업 현장에서는 청소가 일상 업무로 제품의 특성상 제조 현장의 청결이 필수적이기 때문에 공장 전 Area에 대한 지속적인 5S와 불합리 활동을 통한 weak-point의 배제가 선행되어야 한다. 일본에서는 TPM 활동을 통하여 잘 관리되고 있는 현장을 견학코스로 개방하여 소비자에 대한 이미지 고양을 위한 마케팅으로 활용하기도 한다.

최근에는 식품기업 현장에도 스마트 팩토리가 도입 구축되고 있는데 특히 식품 안전 측면에서 스마트해썹 인증제도가 있으며 중요 관리점 CCP 모니터링 데이터를 실시간으로 자동 기록 및 저장할 수 있도록 하여 데이터를 실시간으로 확인할 수 있도록 하는 시스템으로 CCP 관리를 디지털 및 IoT 기술을 활용해 안전성과 정확도를 높이도록 한 것이다. 해썹(HACCP)과 스마트 해썹은 식품 안전 관리 시스템이라는 공통점을 가지고 있으나 운영 방식과 관리 수준에서 차이가 있으며 해썹은 식품 제조 과정의 위생 관리와 안전성 확보를 위한 시스템이고 스마트해썹은 해썹 운영을 디지털화하여 데이터 기반으로 효율적이고 정밀하게 관리하는 시스템이다.

식품산업 부문에서 TPM을 가장 먼저 도입하여 실시한 기업인 C사는 끊임없는 도전과 혁신을 통해 글로벌 식품, BIO 기업으로 도약하고 있는데 국내 사업장뿐만이 아닌 해외에서도 생산공장을 가동하고 있다. 90년대 초 TPM을 도입한 이래 많은 성과를 나타내고 있으며 해외를 포함한 사업장별로 생산 공정별 특성에 맞게 추진하고 있는데 최근 발표한 자료에 의하면 기존에 추진해 왔던 방식에서 자율적인 측면으로의 전환의 모습을 알 수 있다. 〈표 5.1〉은 C사 P공장의 현장 혁신 활동 사례이다.

〈표 5.1〉의 C사의 활동 항목 중 여행단은 기존의 현장 분임조를 대체하는 것으로 보이는데 혁신 활동을 자율적인 관점에서 즐겁게 하는 방향으로의 소그룹으로 자주보전 활동도 기존의 스텝 활동에

구분	항목	활동 목적
여행단	개선여행 (전사 마스터스 대회)	과거의 TPM혁신[革新] 활동은 맨살을 벗겨내어 피가 나는 고통을 참고 새살이 돋아나는 활동이란 의미로 힘들게 하였지만 개선여행은 리더와 함께 개선을 여행하듯이 즐기면서 문제를 해결하고 현장의 인류문화를 이끌어 내는 Only One 혁신문화
여행단	공간틀깨 TOP 진단	우리가 사용하고 운영하고 관리하고 있는 사무공간, 휴게공간, 스페어파트 공간, 작업공간의 설비 및 품질 등 관리 요소들의 공간의 틀을 깨는 활동으로 안전하고 신바람 나는 효율적인 작업환경을 우리 스스로가 만들어 가는 활동
여행단	치공구 개발 콘테스트	No Touch의 가장 근본이 되는 치공구 개발을 장려하고 Risk 개선과 지속적 안전의식 고취로 안전마인드 의식 제고 및 No Touch 안전문화 생활화로 무재해에 기여
여행단 (신설)	프리스타일 자주보전 경진대회	기존의 자주보전 1~7 STEP 활동에서 벗어나 여행단의 공정별, 설비별 체질에 맞는 프리스타일 자주보전 활동 추진 ① 단기간 자주보전 Boom Up ② 여행단 전원 참여 활성화 ③ 설비 기본 관리력 향상
개인	개선ⓘStory 경진대회	ⓘ는 idea, improvement, innovation 3가지 의미의 ⓘ이며 개선완료한 우수 사례가 확산전개 될 수 있도록 Story로 전하자는 의미이며 현장전문가의 개선참여 활동을 높이는 동기부여와 개선활동으로 현장전문가 역량 향상 및 공장성과에 기여를 위함(개선이 곧 역량이다)

표 5.1 현장 혁신활동 사례(C사 P공장)
출처: KIPM 정기교류회(2024)

얽매이지 말고 형식적인 사항은 배제하고 실질적인 사항으로 추진하자는 내용이다. TPM이 그렇듯 자주보전 활동도 수단이며 목적은 자신이 운전하는 설비에 강한 오퍼레이터를 양성하는 것이므로 기업 조직 특성에 맞게 실시하는 취지는 공감이 가는 사항이다.

H사는 닭고기 전문기업으로서 최첨단 스마트 팩토리 가동을 통한 최고 품질의 생산 체계를 구축하고 있으며 2030년 가금 식품기업 세계 10위 달성을 기업 비전으로 혁신을 추진하고 있다. 혁신 활동 중 TPM은 제조 현장에서의 동아리 마당 활동의 자주보전과 개선 활동 등으로 마당 활동은 H사 자체적으로 정립하여 실시하는 미세관리 현장 활동이다. 동아리 마당 활동은 여섯 마당으로 구성되어 있는데 기존 자주보전 스텝 사항을 현장 특성에 맞게 실시 내용을

정한 것이다. 그리고 첫째 마당부터 여섯째 마당까지를 반복하였는데 〈그림 3.3〉에서 언급한 바와 같이 스텝 추진을 사이클 화하여 짧은 시간에 같은 사항을 계속 추진하여 습득하게 함으로써 자연스럽게 습관화함으로 오퍼레이터에 의한 일상 보전을 업무화 하도록 하였다. 자주보전 기준서는 HACCP의 공정관리 기준서와 통합하여 공정 작업 및 운전 조건 관리 기준서로 재정립하여 최적화 공정 현장 만들기를 위한 목적으로 사용하고 있다. 현장에서의 실행은 다중 점검망 체크시트를 활용하고 있는데 점검의 휴먼에러를 방지하기 위해 생산 부서 실무자(동아리원, 반장, 지도사원)외에 품질, 공무, 환경안전 부서의 실무자도 확인하도록 하고 있다.

우유, 발효유, 유음료, 치즈 등을 생산하는 S사는 국내 최대의 유제품 제조 기업으로서 제조 경쟁력 강화, 선도적 식품 안전 시스템 구축, 핵심 인재 육성 등을 품질경영 방침으로 설정하고 있다. TPM은 자주보전 스텝을 중심으로 진행해 왔으며 2014년부터는 S-TPM을 추진하여 습관을 키우는 혁신문화를 구축하면서 성과 중심과 스마트 팩토리 고도화, 작업 안전 강화 활동을 전개하고 있다. 스마트 팩토리는 ERP를 기본으로 SCM, MES 등 ICT 기술을 적용하여 현장 데이터를 실시간 수집, 분석하는 생산 체계를 구축하고 있다. S-TPM은 S사에 적합한 활동을 추진하고자 하는 의미지만 스마트 TPM의 방향으로 전개해 가는 과정이라고도 할 수 있다. S사가 20년간 TPM을 지속화하고 식품기업으로서의 특성에 맞게 추진해 오는 원동력은 핵심 인재 육성이라는 경영방침의 일환으로 TPM 사내 컨설턴트를 꾸준히 양성해 오는 것도 해당하는데 각 공장의 추진자는 물론 실무 리더를 대상으로 혁신 사내 전문가를 통한 S사 특유의 혁신 체계를 정립해 나가고 있다.

식품 안전에 대한 중요성은 아무리 강조해도 지나침이 없다. 식품 관련 분야의 기업에서는 HACCP 적용기업 현장에서는 물론 PL(Product Liability:제조물 책임)제도도 시행되고 있고 최근에는 SNS 등이 실시간으로 모든 정보를 공유하고 있어 생산 공정 중에서의 위생 안전 등의 품질관리에 철저한 예방 시스템을 갖추도록 노력하고 있다. 일본에서는 오래전부터 식품 공장에서의 자주보전의 관점에서 ISO, HACCP와 TPM의 관계를 고려한 식품 공장 특성에 맞는 자주보전 7스텝 활동을 추진하는 사례도 있다.

(3) 철강 산업

철강 산업은 슬라브 등 원자재를 공급하는 제철, 제강 부문과 압연 및 표면처리 등을 통하여 타 부문 산업의 가공 소재를 생산하는 부문으로 구분할 수 있으며 대표적인 장치산업으로서 설비에 대한 의존도가 높으므로 TPM을 기업 차원에서 도입, 실행하지 않더라도 설비관리에 대한 많은 관심과 노력을 기울이고 있다. 철강 산업의 제조공정은 대부분이 자동화되어 있으나 일상점검이나 부분적인 작업 조정 등에는 사람의 역할이 필요하다.

최근에는 P사 같은 경우는 세계경제포럼(WEF)이 선정하는 대한민국 제1호 등대공장으로 선정되는 등 고도화 수준의 스마트 팩토리를 통해 자기진단 시스템 등 최첨단의 설비 운영 시스템을 갖추고 있는 공장도 있으나 아직 대부분의 기업 현실은 현장 확인의 기능이 요구되기 때문에 자주보전 활동 등을 통하여 이러한 작업을 더욱 효율적으로 추진하여야 하는데 철강 산업의 특성상 일반적인 추진 방법으로는 어려움이 많다.

P사의 스마트 팩토리는 생산 공정에 인공지능·빅데이터·사물인터넷 등 4차 산업혁명의 핵심 기술을 적용해 생산성·품질·고객만족도를 향상하는 지능형 공장으로 변신하였는데 이를 통해 이룬 성과는 자체 경쟁력 향상은 물론이고 철강 산업 전반을 강한 생태계로 변화시킨 것으로 그동안 오랫동안 현장에서의 혁신 활동이 기반이 되었다. '강한 현장이 강한 기업을 만든다'라는 도서에서 P사의 지속 성장하는 글로벌 초일류 기업의 성장과 혁신의 비밀을 알 수가 있는데 5S를 기본으로 모든 일을 눈에 드러내는 가시화와 문제를 보이는 그 즉시 해결하는 QSS 활동 등으로 TPM의 기본 추진 사항이라고 할 수 있다.

철강 산업 부문에서의 TPM은 현장관리 측면에서 활동상 많은 제약이 있다. TPM을 추진하는 기업의 현장이라면 우선 떠오르는 모습은 깨끗하겠다는 인식이다. 그러나 공정의 특성상 이러한 기대를 충분히 충족시키기는 쉽지 않다. 표면처리 부문의 공정은 그래도 나은

편이나 특수강 생산 공정 특히 전기로에 의한 생산 공정에서 외적으로 나타나는 변화는 크다. 철강 산업의 생산 현장에서 TPM을 추진하는 데에 있어서 가장 먼저 극복해야 할 것이 외부적 청결에 대한 선입관을 없애는 것이다. 물론 현장의 청결을 도외시하자는 의미는 절대 아니다. 다만 잠재된 결함을 찾아내려는 청소는 점검이라는 실시 목적을 명확히 인식하고 공정 특성에 맞는 활동을 전개하여야 한다. 철강 산업 현장에서 자주보전 활동은 생산 공정 특성상 장치 규모가 대단히 크고 작업환경이 매우 열악하므로 오염 발생원을 근본적으로 해결하기에는 어려움이 있으나 공정상에서 발생하는 오염원을 철저히 제거하고 근본적으로 개선하면 가능한데 제조 중에 발생하는 심한 fume으로 인한 오염된 대기를 물리적으로 차단하고 배기 시설을 통해 발생원을 처리하는 방법 등이다.

강관과 판재 제조 기업인 S사는 북미 에너지 시장 및 친환경 에너지 시장 성장에 힘입어 실적 개선을 이룰 것으로 예상되지만 국내 건설경기의 침체와 전기료 상승 등의 변수가 있는데 2007년부터 시작한 TPM을 중심으로 하는 혁신 등으로 기업 경쟁력을 강화하고 있으며 북미 에너지 시장 및 친환경 에너지 시장 성장에 힘입어 실적 개선을 이룰 것으로 예상되지만 국내 건설경기의 침체와 전기료 상승 등의 변수는 있다. S사는 TPM 목적인 사람의 체질 개선이라는 사항을 중시하여 국가 자격증인 설비보전 기사와 설비보전 기능사 자격 취득을 설비에 강한 오퍼레이터의 양성하는 자주보전의 스텝

그림 5.2 제조원가 구조개선을 위한 성과지표 체계도(S사)

활동과 연계하여 추진하였다. 설비보전 기능사는 2025년부터 기계정비 기능사와 유공압 기능사와 통합되어 현장실무에서의 필요성이 확대되었다. S사는 기존의 분임조를 소그룹으로 명칭하고 현장 소그룹 리더 양성 과정을 수료함으로 리더로서 능력과 자부심을 가지도록 하고 있다.

철강 산업에서는 원가의 구조에서 원료가 차지하는 비중이 매우 크다. 이러한 철강 공정에서의 구조적인 특성은 혁신적인 성과 개선을 위한 활동을 요구하고 있으며 생산 현장을 비롯한 전사적인 생존을 위한 혁신적인 개선을 수행하여야 하는데 〈그림 5.2〉는 제조원가 구조개선을 위한 성과지표의 체계도이다.

최근의 철강 산업은 대형화와 종합 생산 체제를 지향하고 있다. 글로벌 경쟁력을 충분히 갖추고 있는 기업에서도 현재에 만족하지 않고 규모를 더 확장하기 위한 M&A를 지속화하고 있다. 이러한 무한경쟁의 시대에서 기업의 생존과 지속적인 성장을 위해서는 끊임없는 내부적인 혁신을 통해 수익성을 창출하여야 한다. TPM 활동이 이를 위한 유효한 수단으로 성과를 가시화시키기 위해서는 스마트 TPM을 통한 잠재 결함의 복원 및 개선, 보전 데이터의 과학적 활용에 따른 예측 보전에 의한 돌발고장의 제로화 및 성과 개선 체계의 확립 등이 기본적으로 필요하다고 할 수 있다. 물론 이러한 활동을 혁신적으로 추진할 수 있는 인재를 양성하는 것이 가장 중요한 사항임은 당연하다.

(4) 반도체 산업

1974년에 반도체의 기본적 원리가 발견된 이래 반도체 기술혁신의 스피드는 타 산업 부문에서 볼 수 없을 정도로 빠른 속도로 진행됐다. 반도체의 제조 프로세스는 많은 정밀한 제조 설비가 필요하므로 반도체를 설비 집약적인 산업으로 분류하기도 한다. 최근 대세로 이슈화되고 있는 인공지능(AI) 분야 등 최첨단 산업에서는 필수적인 요소로 반도체 산업은 국가경쟁력의 바로미터가 되고 있기도 하다. 반도체 제조공정은 크게 보면 전 공정의 WAFER 공정과 후공정의 조립공정으로 구성되어 있는데 웨이퍼 공정의 특징은 극히 높은 청정도가 요구되는 클린룸(Clean Room)에서 작업 되어야 하므로 집진, 온도, 습도 관리 면에서 엄격한 통제가 필요하며 고성능 설비에 의한 확산, 미세 형상 가공. 박막 성형의 반복처리 공정에 있다고 볼 수 있다. 특히 요구되는 중요한 사항은 청정도로서 극히 미세한 먼지도 허용되지 않으므로 먼지 관리가 매우 중요한데 먼지 3않기 원칙이라는 것이 있다. 즉 가지고 들어오지 않고, 발생시키지 않고, 확산시키지 않는다. 라고 하여 N사에서는 TPM 차원에서 먼지 발생원 대책에 많은 활동을 하고 있다. 반도체 산업은 기술혁신이 가장 심한 분야이며 신제품개발과 설비 갱신에 많은 투자를 필요로 하게 된다. 따라서 신규설비는 원류 단계에서 문제점을 찾아내어 설비의 신뢰성을 확보하고 조기 안정을 도모하는 일이 중요하다. 생산 기종 전환에 따른 대규모 설비의 신설·이전 시에는 초기 유동 관리 기간에 설비 불합리, 품질 불량이 발생하여 이에 따라 양산 가동이 많이 지연되어 수익성 저하를 초래하게 되는 경우가 생기게 된다. 이러한 문제를 해결하고자 MP활동을 TPM추진의 목적으로 실시하기도 하는데 S사에서는 전사적으로 35,000건 이상의 MP정보 데이터베이스 구축하여 설계단계에서 활용하고 있다. 구체적 활동으로는 기본설계 단계에서 「설계품질 표」에 의한 요구품질을 파악하여 네크기술의 해결을 도모하였다. 또한 설비 설계 심사에서는 「설비설계 기준서」, 「설계기준 체크리스트」를 활용하여 기존 설비의 가동 정보에서 축적된 노하우를 통하여 원류 단계에서 설계품질의 향상을 기하고 있다.

반도체 공정에서는 잠깐 정지에 의한 로스의 발생 가능성이 상존하기 때문에 이를 위한 지속적인 예방 관리 및 개선 활동이 필요하게 된다. 특히 taping, wire-bonding, marking 공정 등과 같은 조립공정에서는 잠깐 정지와의 연관성이 깊다. 잠깐 장지가 발생하게 되면 제품 낙하와 제품 외형 불량 등과 같은 품질상의 문제뿐만이 아니라 생산성이 저하되고 안전 문제도 발생할 가능성이 높아지므로 철저한 개선 대책이 요구된다. 이에 대한 요인으로서는 재료와 부품에 기인하거나 반송계·공급계 등에 의한 것일 수도 있다. 그런데 잠깐 정지 발생의 가장 큰 문제점은 개선한 후 일정 기간은 정상적으로 가동되지만, 일정 기간이 지나면 다시 재발하는 경우가 있다는 것이다. 즉 만성적인 문제점을 근본적으로 해결하는 것이 필요하게 된다. 이러한 만성적 로스에 대해서 TPM에서는 PM 분석을 통하여 근본적인 원인을 찾아내어 해결하고 있다. PM 분석은 만성화된 로스(고장 및 품질 불량 로스 포함)를 원리 원칙에 따라 물리적으로 해석하여 현상의 메커니즘을 명확하게 한 후 요인을 해석하여 불합리 점을 찾아낸 뒤 개선하기 위하여 개발된 분석 기법이다.

반도체산업 분야는 스마트 팩토리 고도화 수준을 요구하고 있는데 DRAM, NAND를 중심으로 하는 메모리반도체 제품을 생산하는 S사는 최근 인공지능 메모리의 핵심으로 불리는 고대역폭메모리(HBM)용 D램 생산을 증가시키고 있다. 반도체 산업은 설비 정지 로

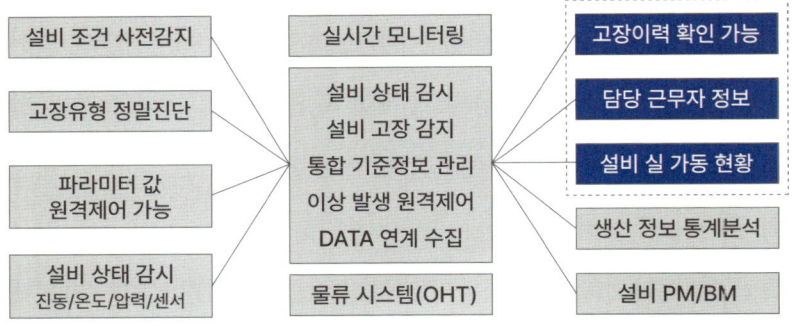

그림 5.3 설비 종합 모니터링 기능 개요(S사)
출처: 제49회 전국품질분임조 경진대회 발표자료(2023)

스로 인한 손실이 매우 크기 때문에 설비의 연속 가동을 위한 예방 관리 체제 확립이 절대적으로 요구되어 S사는 스마트 팩토리의 일환으로 설비 예측 지수를 전산시스템과 연계하여 실시간으로 설비 성능을 지수로 제공하고 설비를 제어하는 시스템과 설비 종합 모니터링 기능을 구현하여 이에 대응하고 있는데 〈그림 5.3〉는 설비 종합 모니터링 기능 개요이다.

(5) 전력 산업

전력 산업은 전기를 생산, 송전, 배전 및 판매하는 산업으로, 에너지 산업의 중요한 부분이며 최근에는 인공지능(AI)과 재생에너지의 통합, 전력 시장 구조 개편 등 다양한 변화가 일어나고 있다. 최근 온실가스 감축 및 탄소중립 등의 이슈로 인해 신재생에너지 확대, 에너지 효율 향상, 탄소 포집 및 저장 기술 개발 등이 증대되고 있다. 발전소는 자연상에 존재하는 다양한 에너지원을 이용하여 전기에너지로 바꾸는 설비를 갖춘 곳으로 이용하는 에너지원과 발전 방법에 따라 발전 효율을 높이기 위한 최선의 노력을 하고 있다. 발전 효율이 높을수록 같은 양의 연료로 더 많은 전기를 생산할 수 있어 에너지 자원 낭비를 줄일 수 있기 때문이다. 전력 산업도 장치산업 부문으로서 발 전소에서는 발전설비의 안정적인 운영을 위해 계획예방정비 등을 실시하고 있는데 계획예방정비는 발전소 운영을 중단하고 일정 주기에 따라 설비의 분해, 점검, 수리, 교체 등을 실시한다.

주요 사업이 전력 자원 개발, 발전 및 기술 개발인 N사는 에너지 공기업으로서 7개 발전본부를 운영하고 있으며 본부별로 혁신 활동을 추진하는데 계획보전을 중심으로 하면서 공정 시스템을 조작하고 운영하는 오퍼레이터의 업무와 관련된 사항을 TPM과 연계하는 방향으로 진행하고 있다. N사의 TPM은 설비 안전 강화 운동으로 비계획 손실 제로화를 목표로 하면서 발전설비 및 업무 개선에 강한 인재 육성과 안전하고 쾌적한 일터를 조성하는 것이 목적이다.

N사는 2007년부터 기본조건의 준수, 사용조건의 준수와 발전소의 자주 관리 실현을 단계적으로 진행하였고, 미분기를 CEO 모델로 선정 집중적으로 오염 발생원 개선을 하여 근무 환경을 개선하는 등 자주보전을 발전소의 만성적인 문제점을 해결하는 방향으로 전개하였다. 계획보전 활동의 주요 추진 전략은 정기보전 체계화, 혁신적 보전 활동 수행 및 설비관리 정보화 시스템 구축 등으로 2021년

부터는 Triple Zero 달성을 위해 스마트 운영 인프라 조성과 스마트 예측 진단 시스템을 구성하여 자동화 공정 트러블에 대한 현장 운전원의 대응 시간을 단축하는 효과도 나타나고 있으며 설비관리 전산화 시스템을 고도화 추진을 통해 통합 관리시스템으로 구축하고 빅데이터 기반의 스마트 유동층 발전소 시스템으로 발전시켜 나가고 있다.

N사는 2010년 국가품질상 기업체 부문 상인 설비관리상(현재는 설비혁신상으로 TPM 활동 우수기업을 심사 선정하는 대통령상)을 공기업 최초로 수상하였는데 CEO를 비롯한 경영 간부의 모델 활동의 열의와 리더십이 돋보였고 우수한 설비관리 시스템(GENI)의 구축을 통한 시스템 관리와 개량보전을 위한 설비 개선 실적 관리 체계가 우수하다는 평가를 받았다. N사의 변화와 혁신의 물결을 에피소드 중심으로 기록한 책인 '공기업에서 그게 됩니까?'에는 통계적 문제 해결 기법인 6시그마(Six Sigma)와 설비 안전 강화 운동인 TPM 등 혁신을 통해 성과를 창출해 낸 직원들의 경험과 변화에 대한 저항을 극복한 사항들이 사실적으로 묘사되어 있다.

2. 가공형 산업 벤치마킹

(1) 기계가공 산업

　기계가공 산업은 금속 등 재료를 절삭, 연삭, 밀링, 드릴링 등 다양한 가공 기술을 활용하여 부품을 생산하는 산업으로 제조업 경쟁력 강화와 산업 구조 고도화에 핵심적인 역할을 하며 디지털 기술과 연동하여 자동화된 기계 가공 시스템이 발전하고 있는데 최근에는 인공지능 기술을 융합하여 스마트 팩토리 구축 및 생산 효율성을 높이는 방향으로 발전하고 있다.

　'완전 생산공장에의 道'라는 일본 JIPM에서 발간한 도서는 가야바 공업이라는 기업의 TPM 추진 사항을 소개하고 있다. 이 회사는 자동차 기기 및 유압기기 등을 제조하는 회사로서 TPM 특별상 외에도 데밍상(품질경영 부문)을 수상한 기업으로 TPM 추진 기본 방침은 완전 생산을 목표로 하는 생산보전이다. 여기서 완전 생산이란 좋은 제품을 싸고 즐겁게 생산하는 것을 기본으로 높은 생산성과 변화 대응력이 있는 생산을 목표로 하고 있다. 재해가 없는 밝고 쾌적한 공장, 로스 제로, 100% 양품 보증, JIT 생산, 최적 코스트 관리 구조를 가지는 생산관리 체계를 의미한다. 완전 생산을 위한 공장의 체질 개선은 장기간의 지속적인 노력이 필요하다.

　국내 TPM을 추진하는 기업에서 꼭 방문하고 싶은 현장으로 인식되고 있는 방위산업 기업인 P사에서는 5S 명소 활동을 오랫동안

구분	추진 1기	추진 2기
추진 방법	Top-Down	Bottom-Up
활동 방식	TPM 기본전개	P사 맞춤형 TPM
활동 아웃풋	기본 갖추기	내실화를 바탕으로 성과나는 활동
활동 내용	8대 기능 (스텝 전개 포함)	5대 기능 특성화 활동을 통한 3 Zero 지향, 명소활동 전개
인재 양성	설비 6개통 기능 활동을 통한 인적역량 강화	교육과정 스킬업으로 설비의 성능, 기능 및 자주 관리 능력 향상

표 5.2 TPM 추진1기와 2기 활동 개요 (P사)

실시하고 있다. 1분임조 1명소 활동을 통해 현장 모습이 눈에 띄게 변화되었으며 이는 고객사의 감동으로 이어져 수주의 증대로 연계되고 있다. 깨끗하고 잘 정리·정돈된 현장에서 좋은 제품이 생산되는 것이라는 것을 증명하는 것이라고 보인다. P사에서는 이러한 현장의 모습을 지속적으로 유지 관리하려는 방법으로 5S 명소 star 활동을 전개하고 있다. 즉 일정기간 동안 처음의 모습을 잘 유지하고 있는 분임조의 명소 현장에 star 인증 표식을 통해 지속적인 명소 현장이 유지될 수 있도록 하는 P사만의 특성화된 활동이다. 5S 명소 스타 활동에는 지속적으로 유지관리되는 5S 추진의 개념이 포함되어 있다. P사 맞춤형인 P-TPM의 New 6S 1E-VM이라는 활동은 한번 실시하면 다시는 무너지지 않는 5S를 추진한다는 것으로 현장에서 5S가 추가적인 업무가 되지 않도록 하자는 것인데 눈으로 보는 표시의 표준화 등이 포함된다. 예를 들면 계단에 타이어 마크 등 안전 표시를 하는 경우 모든 계단에 표시하는 것이 아니고 첫 번째와 마지막 계단에만 표시하여 손상에 의한 재작업 로드

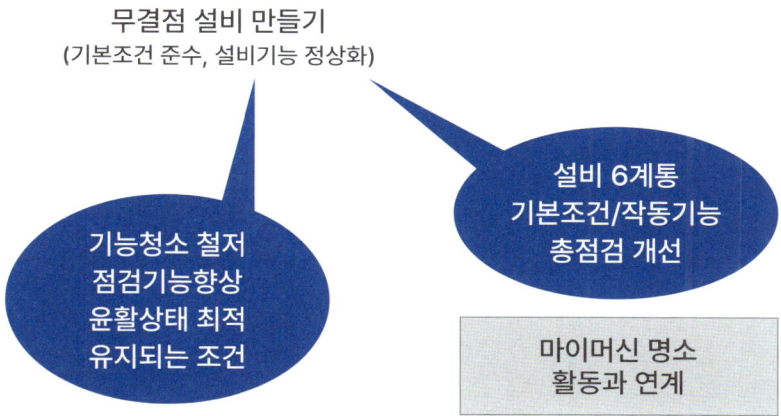

그림 5.4   P-TPM 2스텝 활동의 개요(P사)

를 최소화하는 것 등이다.

　P사는 2014년부터는 P-TPM으로 명칭하고 자사 사업장 환경에 맞는 맞춤형 활동을 추진 2기로 전개하고 있는데 〈표 5.2〉는 추진 1기와 2기의 활동 개요이다.

　P사의 My-Machine 명소는 추진 2기의 무결점 설비 만들기 활동을 실행하면서 무재해, 무결점, 무고장 달성을 위한 마이머신을 지정하여 자주 관리 능력을 향상하기 위한 자주보전 특화 활동이다. 무결점 설비 만들기는 추진 1기 활동을 반복하면서 업무로서의 내실화를 추구하는 P-TPM 2스텝으로 설비의 기본조건 준수와 설비 성능 정상화를 목적으로 하는데 〈그림 5.4〉는 활동의 개요이다.

　TPM 정의의 첫 번째는 생산시스템 효율화의 극한을 추구(종합적 효율화)하는 기업의 체질 조성을 목표로 한다고 되어 있는데 사람의 역할을 중시하는 것이 TPM의 핵심 사상이지만 경영혁신 도구로서

낭비(로스)명:					NO	IDEA	IDEA 제안자	채택
발굴일:		개선일:						
개선 전(사진)			개선 후(사진)		1			
					2			
					3			
					4			
					5			
					6			
불합리 내용			효과 파악		7			
					8			
낭비 유형 분류	6대 로스	고장	준비 교체	순간 정지	속도 저하	불량	초기 수율	9
	7대 낭비	가공	재고	대기	운반	동작	불량	과잉 생산	10

그림 5.5 낭비 발굴 및 개선용 기본 시트(P사)

기업의 성과를 도출해야 한다. 이런 관점에서 무낭비 현장 만들기 활동인 P-TPM의 4스텝은 정량적 성과 산출에 큰 기여를 하였다. 설비의 6대 로스와 공정의 7대 낭비에 대한 분임조 단위의 개선 계획을 작성한 후 전원이 하나 이상의 아이디어를 제시하면 리더가 주관하고 전원이 합의하여 가장 적합한 사항을 채택한 후 구체적 개선 방안을 설정하여 실시하는 활동인데 〈그림 5.5〉는 낭비를 발굴하여 개선하기 위해 사용한 기본 시트이다. P사가 2007년 TPM을 도입한 이후 20여 년간 지속적으로 전원이 참여하는 혁신 활동으로 추진해 올 수 있었던 것은 TPM을 통한 가시적인 성과로 인한 것도 있지만 가장 큰 원동력이라고 할 수 있는 것은 최고 경영자를 비롯한 전 임직원의 참여와 관심이다. 현장이 일하기 편하고 깨끗하게 변화된 모습이 유지 관리되면 실무자가 의욕적으로 업무에 열정을 가지게 되고 이에 따라 경영 성과도 창출된다는 최고 경영자의 믿음은 TPM 의 본질과도 일치한다.

(2) 전기·전자 산업

전기·전자 산업 부문에서의 TPM 활동은 조립·가공 부문의 특성이 있으며 타 산업 부문보다는 여성 근로자가 많은 것이 특징이다. 또한 제품의 신뢰도가 매우 중요한데 부품 형태로 사용자에게 전달되기 때문에 완제품의 품질을 좌우하는 근본적인 요소가 된다. 따라서 대기업 형태의 기업과 중견·중소기업 규모의 기업 현장에서의 관리 체제를 고려한 TPM 추진이 필요하다. 중소기업에서는 한 번에 너무 많은 부하가 공정관리에 부담이 될 수 있으므로 이를 어떻게 효율적으로 조율하느냐 하는 것이 추진상의 중요한 키포인트가 되게 된다. 전기·전자 산업 부문의 현장 대부분은 가공·조립 공정으로 구성되어 있기 때문에 자동차 제조 공정과 같이 공정 간 이동 작업이 많고 흐름의 정체가 발생되는 경우에는 가동 효율이 저하되게 된다. 따라서 이러한 공정의 특성을 고려하면 LEAN 생산방식에서 적용하는 공정상의 낭비를 최소화하는 활동을 적용하면 가시적인 성과를 나타낼 수가 있다.

에어컨, 공기청정기 등 가전제품을 생산하는 S사는 Global 경쟁력 강화를 위한 수단으로 TPM 활동을 지속적으로 실시하고 있는데

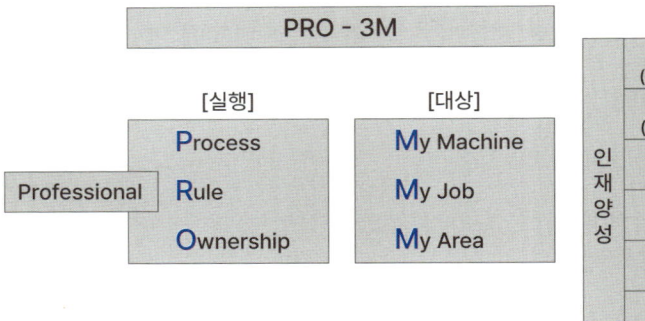

그림 5.6 PRO-3M의 개요(S사)
출처: 제49회 전국품질분임조 경진대회 발표자료(2023)

자사의 체질과 현장 특성에 맞게 개발한 현장의 자주보전 및 설비보전 활동인 PRO-3M을 실시하고 있는데 제조 현장을 쾌적한 환경으로 구축하고 낭비 없는 고효율 설비로 유지 및 관리하여 제조 경쟁력을 높이는 전사원 참여 활동이다. 〈그림 5.6〉는 PRO-3M의 개요를 나타낸 것이다.

〈그림 5.6〉에서 My Job은 'TPM은 업무'라는 궁극적으로 지향해야 할 방향을 잘 표현해 주고 있는데 2019년부터는 지능화 설비 구축의 관점에서 스마트 팩토리와 연계하고 있는데 스마트공장 갖추기 스텝부터 지능형 설비 만들기와 유기적 제조 현장 만들기를 2026년까지 진행하고 있다. 설비 마스터 양성은 회사의 비전과 추진 방향에 맞는 인재 양성을 위해 사내, 사외 교육 및 전문 심화 교육, 관련 자격증 취득으로 분임조 자체 해결 능력을 향상하고 나아가 분임조 성장을 위한 활동을 선도적으로 담당할 오퍼레이터를 대상으로 하고 있다.

(3) 자동차 산업

자동차 산업은 가공산업이지만 공정 특징상 연속라인 형태를 갖추고 있기 때문에 설비의 돌발적인 고장이 발생하게 되면 엄청난 생산 손실이 생기게 된다. 따라서 자동차 산업 공정에서는 장비 가동률이 KPI(key performance indicators)로 관리되고 있다.

자동차 산업의 특징 중 하나는 많은 협력사에 의한 생산이 시행되고 있다는 것이다. 최근 생산되는 가솔린 자동차는 3만 개 이상의 부품으로 구성되어 있으며 점진적으로 자동차 시장을 대체하고 있는 전기자동차도 1만 개 이상의 부품으로 조립되는데 자동차 생산을 위해서는 1차, 2차 등의 협력사가 생산하는 부품 하나하나의 품질 및 원가 경쟁력이 자동차 메이커의 경쟁력에 큰 요소로 작용하고 있다. 따라서 협력사 부문의 경쟁력 강화를 위한 운영 프로그램을 운영하는 것이 바람직하며 TPM 활동도 이러한 활동 프로그램 중의 하나로 활용될 수도 있다.

세계 최대의 자동차 기업인 도요타 자동차의 무한적인 경쟁력은 어디서 나오는 것인가? TPS(Toyota production system)에서 보듯이 자신만의 생산방식을 개발 적용한 것도 경쟁력 강화의 한 부분일 수도 있을 것이다. 일본 도요타시(豊田市)에 있는 쓰쓰미 공장에서는 1라인 4모델 조립이 가능하다. 한 라인에서 여러 차종을 함께 생산하는 혼류생산 방식으로 현장 기술자가 4모델을 조립할 수 있는 기술을 습득하지 못하면 불가능하다. 이러한 기술을 전수받기 위해서 매주 현장 스터디 그룹이 실시된다고 한다. 도요타의 이러한 생산 현장의 경쟁력은 TPM에 의한 체질 개선의 노력이 뒷받침되었다. TPM의 탄생 배경이 도요타 생산방식에서의 JIT(just in time) 시스템의 원활한 운영을 위한 설비의 신뢰성에 기반을 두고 있듯이 TPM의 추진 강점은 설비의 돌발적인 고장을 감소시켜(최종적인 목표는 고장 발생 제로임) 설비의 유효 가동성을 극대화하는 것이다.

도요타가 JIT와 자동화라는 기본 사상을 바탕으로 TPS라는 생산방식을 만들기 위해서는 설비의 안정화가 필요하게 되었고 이를 위하여 도요타 협력회사인 일본전장에서 1969년부터 3년간 설비의 신뢰성을 위한 생산보전 활동을 추진하게 되었는데 이것이 TPM이 탄생한 배경이다. 설비종합효율을 중점으로 관리하던 TPM 활동도 기업의 경영 이익 극대화를 위하여 제조원가 절감을 위한 코스트 다운의 극한적인 목표를 설정하고 있는데 도요타자동차에서도 코스트 경쟁력 강화를 위한 TPM 활동을 전개하고 있으며 업무의 부가가치를 확대하여 제조 요원의 소수 정예화, 생산 프로세스의 개혁, 강인한 기업과 사람 만들기와 기능·기술의 Spiral-up을 혁신과제로 추진하고 있다.

설비보전에서의 중요한 사항은 돌발고장이 발생하지 않도록 설비의 상태를 실시간으로 파악하기 위해서는 점검을 유효한 수단으로 활용한다. 설비 점검은 일상점검과 정기 점검, 예지 점검 등 여러 가지 방법이 있는데 최근에는 설비진단 기술을 적용하여 설비의 상태를 실시간으로 모니터링하여 돌발고장 제로에 기여하고 있다. 최근에는 현장 설비 및 공정의 상태를 로봇을 통해 점검하도록 하여 보전 요원의 업무 효율화를 도모하고 있는데 자동차 제조사인 H사에서는 제조 현장의 기계 과열과 가스누출 여부를 사전에 정밀점검하기 위하여 로봇 개 '스폿'을 개발하여 네 발로 공장을 이곳저곳 뛰어다니며 공장 내 유해가스가 누출되지 않았는지 검사하고 눈 역할을 하는 열감지 센서로는 과열된 기계가 없는지 모든 감각을 동원해 점검하고 있는데 정상 작동되는 기계도 카메라로 계기판을 하나하나 촬영해 실시간으로 보전 담당자에게 정보를 공유하고 있다.

(4) 타이어 산업

타이어 산업의 공정은 고무와 배합 약품을 혼합 믹싱하는 작업 공정인 정련 공정으로부터 최종 검사 공정까지 여러 작업 공정을 거치는데 정련과 압연, 가류 공정은 장치형 공정인 데 비하여 성형 공정은 전형적인 가공 공정의 특성을 가지고 있다. 따라서 TPM 활동은 공정의 특성을 고려해 효율적으로 실시하여야 한다. 타이어 제조 공정은 연속식 일관 공정과는 다소 다른 Batch식 공정의 형태로 구성되어 있다. 정련 공정에서 압출이나 압연공정 또는 압연된 코드지를 일정한 크기로 절단하는 재단 공정을 거쳐서 성형 공정으로 반제품이 이동하게 된다. 성형 공정은 트래드, 비드, 카카스를 조립하여 타이어의 형상을 최종 제조하는 공정으로서 공정마다 전·후 공정과 연계

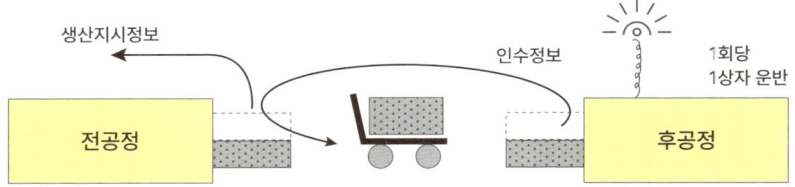

그림 5.7 후 공정 인수 생산방식(Pull System)의 개념

되어 있다. 따라서 제품 생산성을 향상하기 위해서는 상호 공정 간의 Balance가 잘 이루어져야 하며 특히 후 공정 인수 방식 즉 Pull 생산방식이 필요하다. Pull 생산방식은 후 공정 인수와 후 보충 생산에 의한 것으로 후 공정 인수란 후 공정에서는 팔린 양(분)만큼만 전 공정으로 가지러 가는 것이고 후 보충 생산이란 전 공정에서는 후 공정이 가져간(인수한)양 만큼 생산하는 것이다. 이것은 TPS에서의 KANBAN 방식에 의한 생산방식의 일환이다. 물론 궁극적으로 생산성을 향상시키기 위해서는 성형 공정에서의 설비 종합효율을 극대화 하는것이 필요하다. 그러나 성형 공정의 전 공정 생산 Capa'가 성형 공정의 생산능력에 비해 부족하다면 기대하는 생산 목표를 달성하기가 어려워지게 된다. 그렇다고 성형 공정에 비해 전 공정의 생산 Capa'가 상대적으로 크게 되면 공정에서의 재고가 급격히 증가하게 되는 문제점이 발생하게 되기 때문에 타이어 산업의 공정에서는 설비 생산성 향상뿐만이 아닌 공정 간의 평준화 생산관리가 요구되게 되는 것이다. 〈그림 5.7〉은 후 공정 인수 생산방식(Pull System)의 개념을 나타내고 있다.

자동차 타이어 제조기업인 H사는 국내 TPM 활성화에 많은 역할을 하고 있는데 TPM 전문가 운영을 통하여 현장 실무 지도의 효율성을 높이도록 했다. 초기 활동을 진행하면서 생산 현장에 자주 제작실을 설치하여 현장 오퍼레이터가 스텝을 추진하면서 자신의 설비에 필요한 장치를 직접 제작하거나 개조에 필요한 부품 등을 지원해 주는 역할은 물론 설비 총점검과 연계하여 보전 실무의 기본사항을 오퍼레이터가 직접 습득하도록 하였다. 국가기술자격인 설비보전기능사 자격 취득과도 연계하여 용접과 공압, 유압의 실무과정을 소수 인원으로 수강하도록 하고 담당 실장을 설비보전팀 근무 경력자로 선임하여 교육의 효과를 높이도록 했다.

제 6 장

스마트 TPM을 통한 성과 창출

 ← QR코드를 스캔하시면 동영상 강의를 볼 수 있습니다.

1. 경영 성과로 연계

(1) 성과의 형태

혁신 활동의 개선 성과를 효과적으로 나타내기 위해서는 현장 실무에서의 성과 관련 데이터를 통합적으로 관리하는 시스템이 필요하다. TPM을 추진하면서 활동의 성과를 나타내기 위한 사항 중 가장 어려운 부분이 바로 이 사항이라고 할 수 있다. TPM은 현장 직접부문에서 개선 사항이 큰 비중을 차지하기 때문에 더욱 필요한 부분이다. TOP의 관심도 혁신의 성과가 얼마나 가시적으로 나타나느냐 하는 것이며 특히 재무적인 성과와의 연계성이 명확하게 제시된다면 가장 바람직한 방향이라고 할 것이다. 이것은 TPM 뿐만이 아니라 모든 혁신 활동에서도 적용되어 진다. 개선 활동의 성과를 산출하기 위해서는 개선 과정 중에서 효과 산출과 관련되는 데이터가 명확하게 정리되고 종합되어야 한다. 이를 위해서는 조직 내의 모든 시스템을 유기적으로 통합하도록 하는 것이 필요하다. 그러나 이런 통합 관리시스템을 한 번에 구성하는 데에는 적지 않은 비용이 소요

되기 때문에 이를 감안하여 초기 설치 시 통합 시스템을 구축하거나 각 부문의 시스템을 설치할 때 데이터의 상호 연관성을 사전에 고려하는 것이 효율적인 방법이라고 할 수 있다.

TPM 활동이 국내와 다른 국가에서도 지속 추진되고 있는 것은 TPM 기능 활동 등을 통한 구체적인 성과가 기업 경영에 전반적으로 기여하고 있기 때문이다. 이러한 성과가 어떠한 형태로 나타나는가 하는 것은 기업에 따라 다소 달라질 수 있다. 기업의 공정 특성에 따라 성과의 형태와 범위가 다르게 나타난다. TPM 활동은 사람과 설비의 체질을 개선함으로써 기업의 경쟁력을 강한 체질로 변화시켜 경영이익을 극대화하고자 하는 것이다. TPM의 성과는 활동 초기에는 현장의 환경적인 변화부터 나타나게 된다. 기름의 누설과 분진 및 부식 등으로 오염되고 있던 작업 현장이 자주보전 활동에서의 청소 등을 통하여 깨끗하고 안전한 작업장으로 바뀌게 되는 것이다. 불안전한 요소들이 제거되어 안전한 작업 현장을 만들게 되는데 이러한 성과는 정성적인 성과로서 중요한 의미가 있다. 정성적인 성과도 중요하지만 TPM이 기업 경영에 직접적으로 기여하기 위해서는 정량적인 성과가 중요하다. 활동이 진행됨에 따라 점차 정량적인 성과도 나타나게 되는데 잠재적인 결함 등에 대한 복원 및 개선을 통한 설비의 열화가 줄어들게 되어 설비에 일어나는 고장이 감소함으로 설비 가동률이 향상하게 되는 것이다. 이러한 정량적 성과는 생산성 향상이나 경영이익 달성에 기여하게 되는데 생산성 향상에 관

정량적 성과	정성적 성과
• 부가가치 생산성 1.5 -2배 향상 • 설비고장 건수 50 -70% 감소 • 설비종합효율 30 -50% 향상 • 공정 불량률 1/10로 감소 • 고객 불만건수 제로 • 제조원가 30% 절감 • 제품·재공품 재고 1/2로 감소 • 휴업재해 제로 • 환경사고 제로 • 제안건수 5 -10배 향상	• 하면 된다는 자신감을 갖게 된다. • 기름이나 분진, 먼지가 많은 현장이 깨끗한 현장으로 바뀌게 된다. • 중복 소집단 활동을 통한 협력체제가 조성된다. • 설비에 대한 애착심을 갖게 된다. • 고객에게 좋은 기업 이미지를 주게 된다.

표 6.1 TPM 활동 성과의 형태

련되는 성과는 생산의 아웃풋 적 요소인 P(productivity), Q(quality), C(cost), D(delivery), S(safety), E(environment)와 관련되는 성과로 나타나게 된다. 이 외에도 모랄(Moral)적인 측면에서의 제고를 통한 성과가 포함되기도 하는데 제안 건수의 증가 등의 정량적 성과로 산출된다. TPM 활동을 통해 창출할 수 있는 성과의 형태는 여러 형태로 산출할 수 있는데 〈표 6.1〉은 TPM 활동을 통해 창출 가능한 성과의 형태를 정량적 성과와 정성적 성과로 구분한다.

(2) 경영 성과 산출

기업들이 혁신 활동을 추진하는 목적은 혁신을 통한 성과를 창출하기 위해서인데 혁신 활동의 성공 여부는 이러한 성과를 얼마나 객관적으로 측정하느냐에 달려있다고도 볼 수 있다.

어느 조직이나 혁신 활동을 추진하는 데에 있어서 TOP의 가장 큰 관심은 수익성을 얼마나 확보할 수 있느냐는 것이 아닐까 한다. TPM 활동의 목적은 기업이 강한 경쟁력을 확보할 수 있도록 하기

구분	목표설정	Problem Solving	실행
기본 사항	• 도전적인 성과 목표를 신속하게 수립 - 회계기준 목표 포함	• 경영자 관점의 문제 정의 • staff 관점의 세부 문제 해결 • 현장 사원의 적극적 동참	• 명확한 실행 및 결과 관리 프로세스 정착
주요 내용	• Stretched Target 설정 • 주요 개선영역 설정 • 핵심 과제 선정 (필요 시 TFT 구성)	• Brain storming을 통한 Idea 개발 • Idea 평가 및 승인 • 개선 스킬 교육 병행	• 세부적인 실행 시책에 따른 Idea 실행 • 주기적 Idea 실행 확인 • 평가 및 인센티브

표 6.2　성과관리를 위한 기본 실시 방안

위한 것이며 이를 위해서는 사람과 설비(공정)의 근본적인 체질 개선이 선행되어야 가능하다. 이를 위해서는 성과를 창출하기 위한 과정을 관리하기 위한 체계적인 시스템의 구축이 필요하다. 〈표 6.2〉에 성과관리를 위한 기본 실시 방안이 제시되고 있는데 기대하는 성과의 도전 목표가 설정되면 문제를 해결하려는 방안을 찾아내고 세부적인 실행 프로그램에 따라 단계적으로 수행한 후 기대 성과에 대한 평가와 동기부여를 실시하는 것이 일반적인 방법이라고 할 수 있다.

　경영 목표를 달성하기 위한 방법으로 GAP 분석을 활용하게 되는데 이는 목표를 달성하기 위한 도구로서 현재 상황을 명확히 파악하여 목표 달성을 위해 개선되어야 할 사항을 찾아내기 위한 것이다. GAP 분석은 단지 문제 속에 숨어있는 요인을 찾아내는 데 그쳐서는 안 되며 최소한 매월 개선 과제에 연관되는 KPI 등 관리 지표 실적을 분석하여 개선되어야 할 변수를 발견하여 수정 조치하는 것이 중요하다. 〈그림 6.1〉은 GAP 분석의 개념을 나타내고 있다.

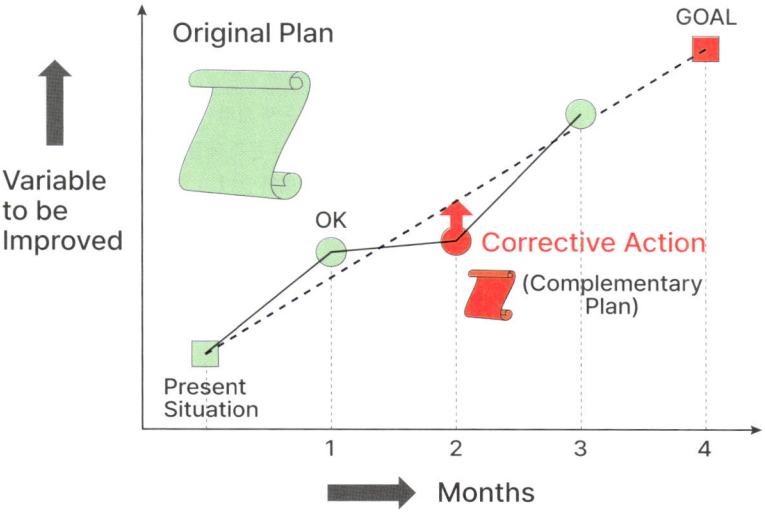

그림 6.1 GAP 분석의 개념

혁신은 어디까지나 성과를 창출하기 위한 수단일 뿐이며 이를 어떻게 적절하게 잘 활용하여 성과(정량적 성과 및 정성적 성과)를 내느냐 하는 것은 결국 이를 운영하는 사람에게 달려있다고 하는 것이다. 어떤 경우는 가시적 성과가 이른 시간 내에 나타나지 않을 수도 있다. 그러나 당장 누구에게 보여주기 위한 성과에 너무 집착하지 말고, 끊임없이 새로운 목표를 달성하기 위한 개선의 노력을 지속화한다면 기대 이상의 성과를 창출하는 기쁨을 맛볼 수 있을 것이다.

2. 정량적 성과 창출

정량적 성과를 창출하기 위해서는 TPM의 활동에 의한 변화되고 개선된 사항을 지표화해야 한다. 이제까지의 TPM 활동을 통한 실질적인 성과가 경영상 수익성의 기여도 측면에서 적정한 평가를 받지 못한 것이 사실이다. 그 이유는 현장 개선을 통한 추진 성과를 객관적인 정량화 지표로 변환하지 못하였기 때문이다. TPM에서 사용되는 관리 지표로는 일반적으로 활동 지표와 성과지표로 구분되어 진다. 활동 지표는 TPM 활동 과정에서 실시 항목을 지표화한 것으로 제안 건수, 불합리 발견 건수 및 조치율, 자주보전 스텝(단계) 등으로 나타내며 이것을 KAI(Key Activity Indicators)라고 한다. 반면에 성과지표는 TPM에서의 개선 활동 등을 통해 나타나는 업무상 결과로써 산출되는 사항을 지표화한 것으로 조직의 목표로서 관리하는 지표 중에서 선정하는 것으로 기업에서 일반적으로 많이 사용되는 KPI(Key Performance Indicators)이다. 현재 국내 TPM 추진 기업에서 보편적으로 사용하고 있는 성과지표로는 설비 종합 효율, 고장률, 노동생산성, 수율, 원단위(유틸리티, 부자재 등) 등이다. 스마트 TPM에서는 활동의 성과가 경영상의 수익 구조에 기여하는 정도에 대한 산출의 필요성이 제기되고 있으며 이러한 수익의 성과가 재무 회계적인 측면에서 산출할 수 있도록 하는 방안에 관심이 점차 증대되고 있다.

　개선에 의한 성과 금액이 객관적으로 평가를 받기 위해서는 사전에 개선 항목별 금액화에 대한 공식화가 중요하다. 이러한 공식화가 설정되어 있지 않으면 개선 성과 이상의 금액이 산출되어 잘못하면 개선의 본질이 훼손될 수도 있다. 자주보전 활동 등을 추진하면서 현장 분임조에서 실시하는 일상 개선은 개별 개선에 의한 성과보다는 개선의 성과가 작게 나타나게 되는데 이러한 일상 개선에 의한 작은 성과도 명확히 산출하여 일상 개선에 의한 효과를 종합하여 관리하는 것도 바람직한 방법이 될 수 있다.

3. 정성적 성과 창출

TPM 활동은 설비와 사람의 체질을 개선함으로써 기업의 경쟁력을 강한 체질로 변화시켜 경영 이익을 극대화하고자 하는 것이다. TPM의 성과는 활동 초기에는 현장의 환경적인 변화부터 나타나게 된다. 기름의 누설과 분진 및 부식 등으로 오염되고 있던 작업 현장이 자주보전 활동에서의 청소 등을 통하여 깨끗하고 안전한 작업장으로 바뀌게 되는 것이다. 불안전한 요소들이 제거되어 안전한 작업 현장을 만들게 된다. 이러한 성과는 정성적인 성과로서 중요한 의미가 있다. 정성적인 성과도 중요하지만 TPM이 기업 경영에 직접적으로 기여하기 위해서는 정량적인 성과가 중요하다. 활동이 진행됨에 따라 점차 정량적인 성과도 나타나게 되는데 잠재적인 결함 등에 대한 복원 및 개선을 통한 설비의 열화가 줄어들게 되어 설비에 일어나는 고장이 감소하게 되므로 설비 가동률이 향상하게 되는 것이다. 이러한 정량적 성과는 생산성 향상이나 경영 이익 달성에 기여하게 된다.

개선에 의한 무형 효과는 안전사고 예방, 작업환경 개선, 능력 개발, 현장 근무자 유대강화 등으로 압축될 수 있는데 가능한 한 구체화하여 표현하는 것이 바람직하다. 개선 활동은 TPM 활동의 활성화를 위한 중요한 방안으로서 개선에 의한 성과가 충분히 나타날 수 있도록 산출하려는 노력이 필요한데 실무 부서에 따라서는 개선 내용이 아주 우수한 사항임에도 개선 성과 산출이 미흡하여 성과를 제대로 평가받지 못하는 경우가 발생하게 됨은 안타까운 일이라고 할 수 있다. '겸손이 미덕'이라는 전통적 자세도 필요하나 자신들이 열심히 노력한 개선의 결과를 최대한 성과로 산출하여 개선 활동의 활성화를 위한 동기부여로, 적극적으로 활용하려는 노력도 중요한 것이다.

- 재작업 감소로 작업자 피로도 감소
- 전 사원의 고정관념 타파
- 잠재 재해요인 제거(근골격계 안전사고 예방)
- 어둡고 침침한 공정에서 밝고 쾌적한 공정으로 작업환경 개선
- 노후 장비도 개선하면 된다는 자신감 고취
- 테마 해결로 참여의식과 상호이해 공감대 형성
- 생산기술에 대한 Know-How 축적
- 기술검토 및 분석 능력 증대

참고문헌

1. 기술표준원, 설비보전관리 용어 표준화 및 용어집 발간을 위한 조사연구, 2004.

2. 김덕현, "4차 산업혁명과 스마트 시스템", 브런치스토리, 2018.

3. 이순용, "생산관리론", 법문사, 2012.

4. 이영상 외, "하이브리드 TPM", 한국표준협회, 2003.

5. 이영상, "지표관리와 경영 성과 달성", 한일 TPM대회 문집, 2002.

6. 이영상, "TPM For TOP ①~⑪", 품질경영, 한국표준협회, 2010.

7. 이영상, "TPM 혁신활동의 변화와 추진전략", Global 혁신 Conference, 2011.

8. 이영상, "TPM 변화 Trend ①~⑤", 품질 그리고 창의, 한국표준협회, 2015.

9. 이영상 외, "TPM 종합실천프로세스", 한국표준협회미디어, 2016.

10. 이진식, 최신 설비관리, 형설출판사, 1992.

11. 일본 플랜트 메인티넌스 협회, "出光의 TPM", 1994.

12. 일본 플랜트 메인티넌스 협회, "TPM 성공의 비결", 1996.

13. 일본 플랜트 메인티넌스 협회, "완전생산 공장에의 道", 1997.

14. 일본 플랜트 메인티넌스 협회, "식품 공장의 자주보전", 2005.

15. 자산경영시스템연구회, "ISO 55001 요구사항 해설과 실천포인트", KSA, 2016.

16. 클라우드슈밥, "제4차 산업혁명", 새로운현재(송경진 옮김), 2016.

17. 풍산 안강사업장, "TPM 현황설명서", 풍산, 2013.

18. 한국경제신문, "CES 2025", 2025.

19. 한국설비진단자격인증원 홈페이지(www.kci-md.or,kr), 2010~2025.

20. 한국인터넷신문협회, "스마트 팩토리, 공장자동화와 다른점 5가지", 2018.

21. 한국표준협회, "국가품질혁신경진대회 발표자료", 2022~2024.

22. 한국표준협회, "24년 스마트수준확인심사원 교육교재", 2024.

23. 한국표준협회, "공장혁신 5S와 눈으로 보는 관리", 2015.

24. 한국표준협회, "설비효율화를 위한 개별 개선 과정", 2014.

25. 한국표준협회, "TPM 인스트럭터", 2014.

26. 한국표준협회, "고장로스 개선추진방법", 2013.

27. 한국표준협회, "자주보전 매뉴얼", 2013.

28. 한국표준협회 TPM·EAM센터, "혁신, 사람이 첫째다", KSAM, 2013.

29. 한국표준협회, "TPM 추진종합실무", 2012.

30. 한국표준협회, "관리자 TPM", 2007.

31. 한국표준협회 역, "생산혁신을 위한 신 TPM전개 프로그램(장치공업)",

1996.

32. 한국표준협회 역, "생산혁신을 위한 신 TPM전개 프로그램(가공조립)", 1996.

33. 함효준, "수익성 중심의 설비관리", 동현출판사, 2005.

34. 허남석 외, "강한 현장이 강한 기업을 만든다", 김영사, 2009.

35. KMAC TPM 추진본부 편역, "TPM 설비관리 대백과사전", 일본 플랜트 메인티넌스협회 원저, 1996.

36. 中野金次郎, '計劃保全の 進め方', JIPM, 1999.

37. Blanchard, B., D. Verma, & E. Peterson, "Maintainability", John Wiley & Sons, Inc, New York, 1995.

38. Campbell, J. D. and K. S. Jardine, "Maintenance Excellence", Marcel Dekker, Inc, New York, 2001.

39. InBev, "Mainteance Pillar Book", 2005.

40. Mark Haarman & Guy delahay, "Value Driven Maintenance", Maininnovation, 2004.

41. Paul A. Akers, "LEAN 2초린 바로 실천하는 개선", 이영상 옮김, 미디어 스트리트, 2025.